高职高专“十三五”规划教材

快递管理实务

主　编　杨　清　覃伟赋
副主编　粟英征　沈　云

北　京
冶金工业出版社
2020

内 容 简 介

本教材以技能为核心，紧紧围绕快递网点的运作，详细介绍了快递网点管理运作的实用知识和技能。力求业务技能知识全面、实用，满足企业快递人员的需求。

全书分为上、下两篇。上篇为基础理论知识，包括第1~8章，主要讲解了快递运作需要的基本知识。下篇为实操部分，包括第9~12章，详细介绍了快件揽收、快件处理、快件派送以及客户服务的内容。另外，附录中列举了快递相关法律、法规和标准的规定。

本教材可供高职高专院校物流管理专业、速递服务与管理转运及其他相关专业的教学使用，也可供物流、快递从业人员参考。

图书在版编目(CIP)数据

快递管理实务/杨清，覃伟赋主编.—北京：冶金工业出版社，2017.7（2020.1重印）

高职高专“十三五”规划教材

ISBN 978-7-5024-7473-7

Ⅰ.①快… Ⅱ.①杨… ②覃… Ⅲ.①邮件投递—高等职业教育—教材 Ⅳ.①F618.1

中国版本图书馆CIP数据核字(2017)第067544号

出 版 人 陈玉千
地　　址 北京市东城区嵩祝院北巷39号 邮编 100009 电话 (010)64027926
网　　址 www.cnmip.com.cn 电子信箱 yjcbs@cnmip.com.cn
责任编辑 俞跃春 贾怡雯 美术编辑 彭子赫 版式设计 葛新霞
责任校对 郑 娟 责任印制 李玉山
ISBN 978-7-5024-7473-7
冶金工业出版社出版发行；各地新华书店经销；北京兰星球彩色印刷有限公司印刷
2017年7月第1版，2020年1月第2次印刷
787mm×1092mm 1/16；11.5印张；274千字；170页
36.00元

冶金工业出版社 投稿电话 (010)64027932 投稿信箱 tougao@cnmip.com.cn
冶金工业出版社营销中心 电话 (010)64044283 传真 (010)64027893
冶金工业出版社天猫旗舰店 yjgycbs.tmall.com
（本书如有印装质量问题，本社营销中心负责退换）

前　言

当前，我国快递业发展如火如荼，经过几年跨越式发展，中国迈入了世界快递大国的行列。2015 年中国快递业务量达到了 150 多亿单，快递收入突破 2000 多亿元大关，双双创下历史新高；2016 年，受益于网购电商的崛起，快递业继续保持高增长的态势，快递业务量完成 200 多亿件，同比增长 48%，最高日处理量超过 1.6 亿件，快递业务收入完成 2760 亿元，同比增长 35%。

在连年高速增长收获靓丽业绩的背后，我国快递业同质化竞争、粗放式管理的道路越走越窄，快递企业身处的已不再是那个“野蛮生长”的年代，应加紧提升“内功”，解决多年顽疾，成为真正的现代物流企业，加速推进我国快递业由低端向中高端转型，满足市场的新期待。

“无论是自身的发展态势，还是政府、消费者等各方的期望，快递公司都必须要向真正的现代企业转型。”中通快递董事长赖梅松说。

2015 年 10 月，我国出台了《国务院关于促进快递行业发展的若干意见》的文件，文件指出“鼓励各类资本依法进入快递领域，支持快递企业兼并重组、上市融资，整合中小企业，优化资源配置”，要求企业“加强服务质量监测，降低快件延误率、损毁率、丢失率和投诉率，引导快递企业从价格竞争向服务竞争转变”；对政府职能部门来说，要“全面提升市场监管能力”。

本书就是在这样的背景下编写而成的。本书编写的目的是满足高职院校培养快递业管理人才的需求，培养既掌握快递操作基本知识，又掌握快递管理知识，具有解决快递业实际问题，能够推动我国快递业由低端向中高端发展的人才。

本书按照快递企业运营的实务来设计课程教学内容，并结合学生的实际情况和职业岗位要求，对课程教学内容进行了合理的安排，以帮助学生培养快递公司的物流管理素养和技能。本书在编写中充分体现以能力培养为主的思想，注重基础理论知识与实践能力培养的平衡。全书共 12 章，内容包括基础理论知识、快件揽收、快件处理、快件派送、客户服务以及相关法律法规和标准。

本书由杨清和覃伟赋担任主编，粟英征和沈云担任副主编。其中，杨清和覃伟赋负责全书的策划，粟英征负责全书的统稿，第 1、7、8 章由杨清和陈骏兵编写，第 2、9、11 章由覃伟赋编写，第 3、10 章由吴砚峰、吴立鸿、李小青编写，第 4 章由苏慧、沈云、余丽燕编写，第 5、6、12 章由粟英征编写。

本书是工学结合教材，是校企合作的成果，本书的编写得到了圆通速递有限公司的大力支持。在编写过程中，我们还参考了国内外有关资料，限于篇幅原因，不能一一列出，在此一并表示衷心感谢。

本书配套的教学课件读者可以在冶金工业出版社官网（http://www.cnmip.com.cn）搜索资源获得。

由于编者水平所限，书中不妥之处，请读者批评指正。

作者

2017 年 1 月

目 录

上篇 基础理论知识

下篇　实操部分

上篇

基础理论知识

1　职业道德

1.1　职业道德基本知识

道德是人类在生产生活中逐步形成的，反过来又是一种用以维持社会秩序、约束人类行为的行为规范。它主要依靠社会舆论、人们的价值观、信念、态度和习惯来维持和发挥作用。职业道德是道德的一个重要组成部分，是在职业领域内产生的用于规范人们职业行为的准则。快递业务员了解和掌握职业道德，进而按照快递业务员职业道德要求行为，对做好快递业务工作有重要作用。

1.1.1　职业道德概述

1.1.1.1　职业道德的定义

我国《公民道德建设实施纲要》提出，职业道德是从业人员在职业活动中应遵循的行为准则，涵盖了从业人员与服务对象、职工与职工之间的关系。简言之，职业道德就是从事某种职业劳动的人们，在劳动过程中形成的、依靠其内心信念和特殊社会手段来维系的、以善恶进行评价的心理意识、行为原则和行为规范的总和。

职业道德体现了某种特定职业的职业特征和行为规范。就其本质而言，职业道德就是调整职业内部、职业之间、职业与社会之间的各种社会关系的行为准则和道德规范。它既是对从事本行业的人员在职业活动中的思想和行为的具体约束，同时也是行业对社会所应履行的责任和义务。

1.1.1.2　职业道德的基本范畴和主要内容

A　职业道德的基本范畴

职业道德的基本范畴包括职业态度、职业技能、职业纪律、职业良心、职业荣誉、职业作风等若干内容。

（1）职业态度。职业态度是指从业者在选择职业时所持的观念、趋向和心理依据，以及在从事职业活动的过程中所表现出来的劳动态度。

（2）职业技能。职业技能是指从业者所掌握的职业技能和本领，是从业者实际所拥有的创造价值的能力。

（3）职业纪律。职业纪律是指根据职业的工作规律和工作需要而制定的规章制度、纪律和要求。

（4）职业良心。职业良心是指从业人员对职业责任的自觉意识。

（5）职业荣誉。职业荣誉是指从业者在进行职业活动中取得成绩后，社会对其职业行为价值的一种肯定评价以及从业者对这种肯定评价的感知和自我意识。

（6）职业作风。职业作风是指从业者在其职业活动中所表现出来的一贯的工作态度和工作作风。

B　职业道德的基本内容

职业道德的基本内容包括爱岗敬业、诚实守信、办事公道、服务群众以及奉献社会等。

（1）爱岗敬业。爱岗敬业，即俗话所说的"干一行爱一行"。这是职业道德的基础和核心。爱岗，就是要热爱自己所从事的职业；敬业，就是要以专心的严肃态度投入到工作中去，兢兢业业、尽职尽责。爱岗敬业要求从业者要精通业务、忠于职守，同时还要勇于钻研创新。

（2）诚实守信。诚实守信，就是要言行一致、表里如一、遵守诺言。从业者在从事职业活动中，要诚实劳动、自觉抵制不正之风、不弄虚作假、不偷懒、不耍滑；同时，要信守承诺、积极主动地为客户服务，并自觉地公开自己的职业行为和成绩。

（3）办事公道。办事公道就是从业者在从事职业活动时要立场公正，无论何时何地都要按照同一标准和原则办事。服务行业所秉承的"童叟无欺"原则就很好地诠释了办事公道的精髓。

（4）服务群众。在服务行业，尽管我们所工作的岗位可能有所不同，但最终目的都是为广大人民群众服务的。"为人民服务"永远是社会主义职业活动的宗旨。每一位从业者，既是为别人服务的主体，又是别人服务的对象。因此，我们每一个人都要树立服务意识、端正服务态度、提高服务质量，充分发挥主观能动性，全心全意为人民服务。

（5）奉献社会。奉献社会是职业道德规范的最高境界和最终目的，奉献社会要求我们要全身心地投入，任劳任怨、不计较个人得失，甚至不惜牺牲自己的生命。奉献社会并不是要求从业者放弃正当合理的报酬索取，而是说当个人利益与国家利益发生冲突时，能够自觉地将个人利益置于国家利益之后，努力为国家为社会做出自己的贡献。

1.1.2　职业道德的特点

各行各业都有自己的职业道德。虽然，各行业的职业道德在基本精神上是一致的，但在具体内容上仍有较大的差异性，职业道德特点主要表现在以下几个方面。

（1）特殊性。每个职业的职业道德都与从业人员的职业内容和职业实践领域相联系，都有各自的适用范围，并不是普遍适用的。职业道德的特殊性，就是指职业道德只适用于特定的职业活动领域，只约束该职业从业人员的职业行为。职业道德的具体内容因为规范对象的不同而不同，鲜明地体现了社会对于某一具体职业活动的特殊要求。

（2）强制性。职业道德包含职业纪律，它对于从业人员的工作态度、服务标准、操作规程有具体的强制规定。如果从业者违反这些规定，就会受到不同程度的处罚。这就使得职业道德不仅仅是一种需要自觉遵守的“软约束”，而且是一种强制性的“硬约束”。

（3）多样性。职业道德的多样性是指职业道德的内容和表现形式的多样性。有多少不同的职业，就会多少种不同内容的职业道德，并且内容以及表现形式上也较灵活多样。

（4）稳定性。职业道德的稳定性是指一个新的职业一经发展和稳定后，相对的职业道德规范也就会确立稳定下来。即使是在不同的国家、不同形态的社会或不同的历史时期，新兴行业稳定下来的职业道德大都有着相同或者相似的内容与特点。

1.1.3 职业道德的重要作用

职业活动是人类生产和生活的重要组成部分，在人类的社会实践中处于中心位置，因此职业道德在现代社会道德规范体系中具有十分重要的地位。

（1）职业道德有助于促进社会生产力的发展，提高劳动生产率。职业道德规定了不同职业的从业者对社会所应担负的具体职业道德责任，使他们能够明确自己的职业责任和职业义务，增强他们的职业责任感、义务感和荣誉感，促使他们充分发挥主观能动性和创造性，不断提高劳动技能和劳动生产率水平。

（2）职业道德是社会主义精神文明的重要组成部分，有利于社会稳定。职业道德水平是一个社会精神文明发展的重要标志，职业道德的发展是社会精神文明前进的重要推动力。可以说，职业道德规范的存在，确保了社会道德在职业领域作用的发挥。如果人们都能自觉地、充分地遵守职业道德，行使自己的职业权利、履行自己的职业义务，那么在社会职业活动中，就必然会形成一种团结一致、顾全大局、互相帮助、互相关心、诚实公正的社会关系，这种关系对于社会稳定以及良好道德风尚的形成，具有十分重要的作用。

（3）职业道德有助于调节人们在职业活动中的各种关系。职业首选有助于调节从业者与服务对象之间以及同一行业内部职工之间的相互关系。同一行业内的从业者之间如能相互理解支持、相互尊重、相互帮助、公平竞争，就能建立良好的合作共赢关系；如果所有从业者都能从本职工作出发，遵守职业道德、履行职业义务、尽心尽责地为客户服务，那就会形成从业者与服务对象之间的良好关系。

（4）职业道德有助于提高个人道德修养。自觉遵守职业道德，可以使人们在家庭和学校中初步形成的道德观、世界观、人生观、价值观等得到进一步的巩固和提高，并可促进人的全面发展。同时，职业道德也给人们提供了一个反省自身在职业活动中行为的标尺。遵守职业道德规范，人们可以判断什么是正义的、高尚的职业行为，什么是失职的、不道德的职业行为，从而去改善自己的不良行为，使自己成为一个真正对社会有用的人。

1.2 快递业务员职业道德要求

1.2.1 快递业务员职业道德内容

根据《快递业务员国家职业技能标准》的规定，快递业务员职业道德内容主要体现为快递业务员的职业守则。快递业务员的职业守则主要包括以下方面的内容。

遵纪守法，诚实守信；爱岗敬业，勤奋务实；团结协作，准备快速；保守秘密，确保安全；衣着整洁，文明礼貌；热情服务，奉献社会。

这六方面的内容全面概括了快递业务员在从事快递服务过程中所应履行的基本职责和义务，既体现了快递业务员应具有的职业道德的特殊性，也体现了服务行业职业道德规范的普遍含义。

1.2.2　快递业务员职业守则的具体要求

（1）遵纪守法，诚实守信。“遵纪守法”就是要求快递业务员严格遵守国家的各项法律法规和企业内部的规章制度。俗话说，没有规矩不成方圆，只有人人都自觉地遵纪守法，照章办事，社会秩序才能保持良性运转。譬如，在奥运会举办期间，国家邮政局曾明确规定，快递服务人员上门揽收客户快件时，须当面开拆验视内件，以确保奥运安全。在此情况下，快递业务员必须不折不扣地严格遵守国家这一规定，如果客户对此不理解，应耐心向其解释并取得他们的理解和配合，而决不能怕麻烦或为了讨好客户而敷衍了事。

“诚实守信”就是要求快递服务人员重信誉、守信用。中华民族素来崇尚诚信，至今留下许多关于诚信的脍炙人口的故事。“言必信，行必果”、“一言既出，驷马难追”等古语，都反映了中华民族对诚实守信品质的追求。在商业活动中“货真价实，童叟无欺”等关于诚信的对联，都体现了提倡公平交易、诚实待客、不欺诈、不作假的行业道德精神。快递业务员面对客户介绍产品时，一定要讲究诚实守信，实事求是地介绍真实情况，不能为了招揽客户，不顾事实提供虚假信息。一旦按照规定作出了承诺，就应认真履行。

（2）爱岗敬业，勤奋务实。“爱岗敬业、勤奋务实”就是要求快递业务员热爱快递事业，树立责任心和事业心，踏踏实实地勤奋工作。快递业务员在实际工作中爱岗敬业的例子很多，比如，在寄送快件途中突遇暴雨时，许多业务员宁肯自己被雨淋也毫不犹豫地把快件层层包好，以确保快件的完好无损等。

另外，随着信息、通信等高科技的快速发展，现代快递行业的综合含量也越来越高，快递从业人员需要学习和掌握的科技化知识也越来越多。因此每一位快递业务员都必须努力学习与快递相关知识，刻苦钻研快递业务，才能为用户提供多元化的高效服务，并促进快递行业又好又快地发展。

（3）团结协作，准确快速。“团结协作”是快递业务工作的特性决定的。快递业务是由一整套的业务流程、由各个环节甚至不同地区的员工分工合作完成的，例如一封从北京寄往上海的快件，就需要北京的快递业务员去上门收寄，邮件中心分拣、转运，然后由上海地区的业务员进行接收、分拣、投送，才能完成。因此快递业务员在工作中重视团结、协作与合作，就显得尤为重要。

“准确快速”是因为快递服务最根本的制胜点就反映在一个“快”字上。快递业务员在工作过程中对时限的承诺，一定要树立高度的责任意识，承诺客户什么时间送达，就要保证按时送达。同时，各个快递环节都应保证准确、无误。要做到这一点，快递业务员就必须苦练基本功，尤其是在快件分拣过程中，须在1~2s时间内按地区代码准确进行分类，如果出现分拣错误，快件势必将送错地方，确保时限也就无从谈起了。

（4）保守秘密，确保安全。“保守秘密”是由快递服务的特殊属性决定的。快递业务员所负责寄递的快件，很有可能会涉及客户的个人隐私、商业秘密或是国家机密，这就要求快递业务员不论是对客户所寄快递快件的相关信息还是对客户的个人信息，都要保守秘密，绝对不准对外界透露，否则，将侵害客户的权益，严重的还会受到法律的制裁。这里需要强调的是，保守秘密与诚实守信是不矛盾的。如果一个人为了维护国家和人民的利益而讲了假话，并且使国家机密得到了保护，那就体现了他对国家、对人民、对职业的忠诚，也就体现了他遵从诚实守住职业道德的要求。

“确保安全”要求快递业务员在工作过程中，必须保证快件的安全，将快件完好无损地送到客户手中。另外，也要注意保护好生产工具，如运送快件的车辆，还要保护好自身的人身安全。

(5) 衣着整洁，文明礼貌。“衣着整洁，文明礼貌”是对服务行业从业者的基本要求。作为快递业务员，尤其是需要直接面对客户的收寄和派送的外勤人员，其外表和精神面貌直接代表了企业的形象和素质。因此，快递业务员在工作时间要统一着装，并注意保持工装整洁。在向客户提供服务时，要主动、热情、耐心，做到眼勤、口勤、手勤、腿勤，对老、幼、弱、孕客户，应给予更为周到细致的服务和帮助。

(6) 热情服务，奉献社会。“热情服务，奉献社会”是职业道德规范的最高要求。为客户提供优质高效的服务，是每一位快递业务员的神圣职责。快递业务员要有高度的责任心和使命感，应本着全心全意为人民服务的精神，以饱满的热情投入到快递工作中去，以积极进取的心态在工作中追求卓越、奉献社会。

1.2.3 快递业务员职业守则的特点

(1) 体现了职业道德的普遍性。如前所述，职业道德包括了职业态度、职业作风等内容，强调了爱岗敬业、诚实守信等精神。快递业务员职业守则中的“遵纪守法，诚实守信；爱岗敬业，勤奋务实”等内容，都体现了职业道德规范的普遍性要求。

(2) 体现了快递服务职业道德的特殊性。每个行业的职业道德规范除了体现一般意义上的职业道德规范外，还必须能够体现与该行业相适应的特殊职业道德规范。这在快递业务员职业守则中有很好的体现。例如，快递业务员职业道德规范中所规定的“团结协作、准备快速”、“保守秘密、确保安全”、“衣着整洁、文明礼貌”等内容，就既体现了作为一般服务业所需具备的职业态度和精神面貌，又体现了快递服务业务所需要具备的特殊职业操守。

复习思考题

1-1 单选题

(1) 以下不属于职业道德作用的是（ ）。

A. 有助于促进社会生产力的发展，提高劳动生产率

B. 有助于调节人们在职业活动中的各种关系

C. 有助于提高工资水平

D. 有助于提高个人道德修养

(2) 下列职业道德中的（ ）很好地诠释了“童叟无欺”原则。

A. 诚实守信 B. 办事公道 C. 服务群众 D. 爱岗敬业

(3) 下列职业道德的（ ）是社会主义职业活动的宗旨。

A. 诚实守信 B. 办事公道 C. 服务群众 D. 爱岗敬业

1-2 判断题

(1) 职业道德是调整职业内部、职业之间、职业与社会之间的各种社会关系的行为准则和道德规范。 ( )

(2) 由于快递行业的特殊性，快递行业各岗位难以体现职业道德精神。 ( )

(3) 保守秘密、确保安全是快递业务员的职业守则内容之一。 ( )

2 快递服务概述

2.1 快递服务的起源与发展

2.1.1 快递服务的起源

我国古代已经有了快递服务。快递服务在我国古代经历了“步传、车传、马传、驿站递铺（急脚递）、邮驿合并（新式邮政）”的发展过程。据史书记载，最早的信息传递，是尧帝时期的“鼓邮”，到了奴隶社会的商周时期，商纣王把“鼓邮”上升为“音传通信”、“声光通信”，西周时期有了实物传递，分为“轻车快传（传）”、“边境传书（邮）”、“急行步传（徒）”方式，邮驿制度开始形成，而烽火报警方式则广泛用于军事通信。春秋时期，邮驿制度发展成为“单骑通信”和“接力传递”，出现了“马传”。孔子曾说：“德之流行，速于置邮而传命。”到了封建社会的秦朝，公文分为“急字”和“普通”两种文书，在传递方式上便有了快递和普递之分；到了汉代，为求安全和速度，传送方式都为“马递”；南北朝时期，紧急公文要求日行四百里；隋唐时期，敕书等文件要求日行五百里；北宋时期，出现了专司通信的“递铺”，传递方式分为步递、马递和急脚递都属于当时的快递。古代快递递送的是官府文书，主要服务于朝廷和官府，是政治和军事的“耳目延伸器”，带有明显的官方色彩，与普通百姓基本无缘。国外也从很早就有了类似的信息和物品传递活动，人们熟知的马拉松故事，被人们视为快速传递信息的生动事例。

进入20世纪初叶，资本主义经济迅速发展，现代快递业诞生。1907年8月，美国联合包裹运送服务公司（UPS）创始人吉姆，以100美元为注册资金，在华盛顿州的西雅图市创建了美国信使公司。创业之初，他们租用一间简陋的办公室，聘用了十几名员工担任信使，利用市内的几个服务网点，接听客户电话后，指派距离最近的信使前去收件（有商务文件、小包裹、食物递），然后按发件人的要求和时限送到收件人手中。这便是“国内快递”的开端。而“国际快递”，则是在其后几十年才出现的。1969年3月的一天，美国大学生达尔希（Dalsey）到加利福尼亚一家海运公司看望朋友时，听一位管理人员讲，一艘德国商船正停泊在夏威夷港湾，而提货单正在旧金山制作中，需要一周时间才能寄到夏威夷港。达尔希主动提出，愿意乘飞机将提货单等文件取回送到夏威夷。管理人员盘算：此举可节省昂贵的港口使用费和货轮滞期费等开支，便同意他充当一次特殊的信使。达尔希完成任务后，便联合赫尔布罗姆（Hillblom）和林恩（Lynn）于1969年10月在美国旧金山成立了DHL航空快件公司，公司名称由达尔希、赫尔布罗姆和林恩三人英文名字的字头缩合而成，主要经营国际业务，“国际快递”由此开创。

2.1.2 中国快递服务的发展历程

中国快递服务的发展，大致经历了三个发展阶段。

（1）20 世纪 70 年代末至 90 年代初：起步阶段。

中国的快递服务是从国际快递业务开始起步的，源自于外向型经济的拉动。这一阶段，中国快递服务从无到有，取得了一定的发展，其特点是中国邮政 EMS 发展迅速，外资快递企业逐步进入中国市场。

1978 年中国实行改革开放政策后，经济活力迅速激发，经济发展进入快速增长轨道并逐步融入世界市场。随着国际间经济交往的不断增加和中国发展外向型经济的需要，国际快递业务应运而生。1980 年 6 月，日本海外新闻普及株式会社（OCS）率先与中国对外贸易运输公司签订了中国第一个快件代理协议。中国对外贸易运输公司成为中国第一个经营快递服务的企业。随后其他国际跨国快递服务企业如 DHL、TNT、FedEx 及 UPS 等也纷纷进入中国市场，相继与中国对外贸易运输总公司达成快递服务代理协议，开展国际快递业务。1980 年 7 月 15 日，中国邮政与新加坡邮政部门合建全球邮政特快专递，开办国际快递业务。1984 年，中国邮政又开办国内特快专递业务，并于 1985 年成立中国邮政速递服务公司，专门经营国际、国内速递业务。

（2）20 世纪 90 年代初至 21 世纪初：成长阶段。

这一阶段的特点是民营快递企业开始发展，快递经营主体多元化格局逐步形成。

1992 年邓小平南巡讲话后，中国改革开放进入新的发展阶段。港、台地区的劳动密集型产业大量转移到中国珠江三角洲，普遍的做法是来料/来件加工或进料加工，香港成为中国内陆与发达市场之间的贸易桥梁，大量的文件或货样在珠三角与香港之间传递，顺丰公司应运而生。与此同时，长江三角洲的乡镇企业如火如荼发展，开始成为国际供应链上的一个环节。在此背景下，申通快递和其他民营快递得以迅速建立。

同时，民航、中铁等其他非邮政国有企业，也开始成立自己的快递服务公司。民航快递借助民航系统的航线、场站和国际交往的优势，国内、国际快递业务齐头并进；中铁快运则利用中国铁路旅客列车行李车作为主要运输工具，辅以快捷方便的短途接运汽车，开辟了具有铁路特色的快递服务。

在此期间，国际快递企业在华发展速度加快，利用与国内企业合作的机会，加大战略性投资，快递铺设网络，建立信息系统，在国际快递市场占据越来越大的份额。

这一阶段，中国快递服务有了较快的发展，业务量急剧上升。根据中国海关的数据，全国进出口快件由 1993 年的 669 万件上升为 1998 年的 1034 万件。2000 年，EMS 快件业务量达到 11031.4 万件，估算 20 世纪 90 年代末中国整个快递服务完成业务量达到 2.2 亿件，呈几何倍数增长。

（3）21 世纪初至今：快速发展阶段。

进入 21 世纪后，中国以更快的速度和更大的规模融入世界经济，对外贸易年进出口额超过 1000 亿美元，国外直接投资每年达到 600 亿美元，有力地拉动了快递服务的发展。特别是中国加入世贸组织后，参与世界市场的步伐进一步加快，快递服务进入了快速发展的黄金期，业务量以每年 30%的速度递增，一些企业的业务增长速度甚至达到 60%以上。

这一阶段，国有快递企业发展力度加大。EMS 依托中国邮政航空公司，建立了以上海为集散中心的全夜航航空集散网；分别在北京、上海和广州建立了大型邮件处理中心并配备了先进的自动分拣设备；建立了以国内 300 多个城市为核心的信息处理平台，与万国邮政联盟（UPU）查询系统链接，可实现 EMS 邮件的全球跟踪查询；建立了以网站、短信、客服电话三位一体的实时信息查询系统；亚洲地区规模最大、技术装备先进的中国邮政航空速递物流集散中心落户南京并即将建成。民航快递有限责任公司也发展成为我国唯一具有全国民航快递网络和航空快递时效品牌的快递、物流专业公司。2000 年 12 月 28 日，中外运空运发展股份有限公司在上海证交所成功上市，成为国内航空货运代理行业第一家上市公司（简称外运发展）。目前其核心业务之一速递业务已形成高速发展的国内快递自有品牌——中外运速递。中铁快运在 2005 年成立后，通过重新整合优质资源，目前已形成了铁路行包快递运输网、快捷货运网、公路运输网、航空运输网、配送网、经营网、信息网“七网合一”的网络资源核心优势，公司经营网络遍及全国 31 个省、自治区和直辖市，门到门服务网络覆盖国内 500 多个大中城市，能同时提供 70 多个国家及地区的快递和国际航空、铁路货运代理服务。

经过十几年的发展，民营快递企业网络快速扩展，市场份额不断提升，经营逐步走向正规。其代表企业顺丰、申通、圆通、韵达、中通等已成为中国快递行业民族品牌的佼佼者。

2.1.3 中国快递服务的发展现状

根据 2011 年邮政行业发展统计公报，快递业务快速增长。全年全国规模以上快递服务企业业务量完成 36.7 亿件，同比增长 57%；快递业务收入完成 758 亿元，同比增长 31.9%。快递业务收入占行业总收入的比例为 48.5%，比上年末提高 3.5%。

（1）业务量主要集中在东部经济发达地区。当前，我国的快递服务活动主要集中在东部经济发达地区。2011 年，东、中、西部地区快递业务收入的比例分别为 81.1%、9.9% 和 9.0%，业务量比例分别为 79.9%、11.2%和 8.9%。

在东部地区，快递服务又集中于以沿海大城市群为中心的三大区域：一是以北京、天津、大连和青岛为中心的环渤海快递服务区域；二是以上海、苏州和宁波为中心的长江三角洲快递服务服务区域；三是以广州和深圳为中心的珠江三角洲快递服务区域。除这三大主要区域外还存在以厦门和福州为中心的环台湾海峡快递服务区。近几年，在东部几大快递服务区域的辐射带动下，随着西部开发的加快和中部经济的崛起，中西部地区快递服务也获得了较快的发展。许多地区快递服务从无到有，快递服务网点建设从省会城市向地区中心城市，甚至县级城市发展。

（2）中小型企业占绝大多数。快递服务的从业门槛，不论从资本需求看，还是从从业人员数量和素质要求看都比较低，现实中几十人甚至十几个人就可以提供简单的快递服务。因此，快递企业中中小型企业占绝大多数。受国家邮政局委托，人力资源和社会保障部国际劳工与信息研究所在 2007 年进行的一次调研问卷结果显示，500 人以下的中小型快递企业占到快递企业总数的 86%。具体分布是：50 人及以下规模企业占 45.23%，51～500 人规模企业占 40.78%，501～2000 人规模企业占 8.64%，2000 人以上较大规模企业仅占 5.35%。

（3）三大业务均快速发展，不同企业各有优势。快递业务在国内异地、同城和国际及港澳台三大方面均有快速发展。国内异地快递不论从业务量看，还是从业务收入看，市场份额都在 50%左右。根据国家邮政局和统计局的联合统计调查，2011 年，同城、异地、国际及港澳台地区快递业务收入分别占全部快递收入的 8.7%、58.8%和 24.4%；业务量分别占全部快递业务量的 22.3%、74.2%和 3.5%。

国有、民营和国际快递企业在三大业务结构中各具优势。国有快递企业凭借其国内网络及品牌等优势，把握着国内异地业务的主动权。而民营快递企业凭借相对低廉的成本和灵活、方便的服务，在同城和异地业务占有一定优势，市场份额显著扩大。国际企业依靠其遍布全球的运递网络、雄厚的资金与技术实力，良好的服务，在国际快递业务上优势明显。

2.1.4　中国快递服务的发展趋势

（1）机遇挑战并存。受国际金融危机的后续影响，世界经济增长速度减缓，国际快递服务发展面临挑战。随着全球经济的逐步复苏和国际贸易往来的不断加强，我国仍将是全球重要的物品流通市场，对产品、服务、资本具有较强的吸引力，全球采购、生产和销售需要更多更快捷的物品寄递服务。

（2）需求持续增长。随着我国全面建设小康社会，工业化、信息化、城镇化、市场化、国际化将进一步加速发展，人均国民收入稳步增加，经济结构转型加快，经济社会发展和综合国力再上新台阶。伴随经济规模不断扩大和国际经济贸易往来更加密切，信息交流、物品递送和资金流通等活动日趋频繁，对快递服务的需求将持续增长。

（3）支撑作用突出。预计到 2015 年，电子商务年交易额将突破 18 万亿元；全国规模以上企业应用电子商务 80%以上；应用电子商务完成进出口贸易额占我国当年进出口贸易总额的 10%以上；网络零售额相当于社会消费品零售总额的 9%以上。电子商务、网络购物等新型服务业态的迅猛发展，推动人们消费方式的转变，促进网购快递需求快速增长。快递服务成为电子商务、网络购物发展的重要支撑。

（4）产业集中度提升。随着快递业务法律法规体系的逐步健全，快递市场运行机制将进一步完善。我国快递企业规模较小，业务模式单一，网络化、一体化服务能力不强的问题仍旧突出，生存与发展的压力依然较大；一些国内快递企业经过多年发展，积累了一定的经营实力和管理经验，具备做大做强的基本条件。遵循市场经济规则，依托市场机制开展快递企业兼并重组，成为做大行业做强企业的客观要求。快递业内以及跨行业、跨地区、跨所有制的兼并重组步伐加快，推动产业集中度进一步提升。

（5）网络日益健全。随着国家“五纵五横”综合交通运输网络的基本建成和高速公路、民航、铁路的快速发展，快递服务网络的承载能力将大大提升，进一步扩大运输能力、提高服务质量、加快发展。

（6）服务能力增强。随着信息和物联网技术的发展及推广，科学技术在快递服务领域将得到更加广泛和深入的应用。先进的分拣传输设备和车辆定位系统的广泛使用将会大大提高快件处理效率。用户数据和各种信息的综合利用以及快件传递过程中信息采集点的逐步增加，将使快递处理信息更加完整，快件跟踪查询的响应速度不断提高。呼叫、营销、客户服务中心等工程的建设，使快递企业的客户关系管理能力显著增强。

2.2　快递服务的特点与分类

作为世界范围内蓬勃发展的新兴产业，现代快递服务是市场经济发展的产物，以满足个性化需求为宗旨，依赖社会资本实现网络的地域覆盖，提供快捷的、门到门的、个性化的附加服务。快递服务和传统邮政业，本质都是信息流、实物流和将资金流的三流合一，都是通过网络提供信件和物品的递送服务。它们的递送对象都是信件和物品，都含有信息传递和实物递送的成分。

2.2.1 快递服务的定义与特点

根据《快递服务》国家标准的规定，快递服务是在承诺的时限内快速完成的寄递服务。

快递服务属于邮政业，但又不同于邮政普遍服务。两者在经营范围、服务对象、服务标准、传递渠道、定价机制、企业运行规则、行业监管体制、享受国家政策等方面均有着明显的不同。邮政普遍服务属于政府指导下的低价普惠的非竞争性产品，快递服务属于市场主导的商业化个性化的竞争产品。

根据快递服务的定义，快递服务具有以下特点：

（1）快递服务的本质反映在一个“快”字上，快递是快递服务的灵魂。

（2）快递服务是“门到门”，“桌到桌”的便捷服务。

（3）快递服务需要具有完善、高效的服务网络和合理的覆盖网点。

（4）快递服务能够提供业务全程监控和实时查询。

（5）快递服务要求快件须单独封装，具有名址、重量和尺寸限制，并实行差别定价和付费结算方式。

快递服务具有促进经济和社会发展的双重作用，具体表现如下。

（1）经济作用。

1）从宏观经济发展看，快递服务具有加快流通、方便消费、推动经济结构调整和经济增长方式转变方面的重要经济作用，能提高整个经济运行速度、质量、效益。例如，在推动电子商务等新型商务流通模式的发展中，快递服务起到了关键作用。因此，也被称为国民经济发展的“输血管”和“加速器”。

2）从区域经济发展看，快递服务加速了地区间经济的联系和沟通，是促进地区经济共同协调发展的纽带和桥梁。

3）从外贸等经济领域看，快递服务已成为国际贸易和高技术产业供应链的组成部分，在国际范围内提高了供应链的运行效率和运行质量，解决了生产企业远离主销市场的空间劣势问题。

（2）社会作用。快递服务的社会作用概括起来大致有以下几个方面：

1）快递服务是劳动密集型的服务行业，具有创造大量就业岗位和吸纳更多人就业的作用。

2）快递服务具有促进文化、教育、科技等知识和信息传播的作用。

3）快递服务具有促进农村和城镇一体化建设的作用。

4）快递服务具有支持抵抗各种自然灾害或人为灾害，快捷提供救援物资和促使灾区尽快恢复正常生产生活秩序的保障作用。

5）快递服务具有满足社会特殊群体提供上门运送服务的作用。

2.2.2　快递服务分类

快递服务按寄达范围划分，可分为国内快递、国际快递、港澳台快递三大业务种类；按照所有制形式划分，可分为国有、民营、外资三大主体；按照运输方式划分，可分为航空、公路、铁路三大方式。

2.2.2.1　国内快递、国际快递、港澳台快递三大业务各类

A　国内快递

国内快递是从收寄到投递的全过程均发生在中华人民共和国境内的快递业务。国内快递又分为同城快递、省内异地快递、省际快递三类，其中省内异地快递和省际快递可统称为国内异地快递。

同城快递是指寄件地和收件地在中华人民共和国境内同一城市的快递业务。比如，寄件地在北京朝阳区，收件地在北京海淀区，快件从北京的朝阳区送往北京的海淀区，这种在同一个城市内传递的快件即称为“同城快递”。同城的概念原则上是指同一城市，但由于快递企业能力和网络结构的不同，各快递企业对同城地域范围的界定会有所不同。

同城快递服务是近年来快递业务中增长最快的业务，它是高度劳动密集型的业务，既不需要发达的交通工具，也不需要尖端的信息监控技术，网络运营和管理技术也不复杂，更多依赖的是一套能够充分调动业务员积极性的灵活的管理体制和分配机制。同城快递具有高度分散、高度竞争性的市场结构。同城快递业务，相对于国内异地快递业务而言，运营成本较低，易于管理；又具有取件和送件及时，能为客户解燃眉之急的特点。同城快递业务成为了部分中小型民营快递企业的主导业务。

国内异地快递业务主要是区域内的业务与区域间的业务。区域内的快递业务可以通过公路或铁路运输完成，区域间的业务一般要依赖航空运力。与同城快递相比，国内异地快递业管理成本较高，取件和送件因分别在不同直辖市、省、自治区而不确定因素增大。

省内异地快递服务是指寄件地和收件地分别在中华人民共和国境内同一省份、自治区中不同地区的快递服务。比如，寄件地在广东省珠海市，收件地在广东省湛江市，快件从广东省珠海市送往广东省湛江市，这种在同一省份、自治区中不同地区的快递服务称为“省内异地快递”。

省际快递服务是指寄件地和收件地分别在中华人民共和国境内不同省份、自治区、直辖市的快递服务。

B　国际快递

国际快递服务是寄件地和收件地分别在中华人民共和国境内和其他国家或地区（香港、澳门、台湾地区除外）的快递服务，以及其他国家或地区（香港、澳门、台湾地区除外）间用户相互寄递但通过中国境内经转的快递服务。

国际快递服务是技术密集、资本密集和管理密集型业务。也是快递服务领域利润最高的业务，在业界一般称为高端业务。国际快递服务提供商必须具备足够的航空和地面运输能力、枢纽中心和遍布世界主要国家和城市的投递网络、先进的信息跟踪和控制技术。

到目前为止，经营国际业务的主要是国际快递公司、国际货物运输代理企业，以及中国邮政速递物流股份有限公司（简称 EMS）、中国民航快递有限公司和大通国际货运有限

公司、中远国际航空货运代理有限公司等中国国内企业。在国际快递服务方面，中国的快递企业还没有形成自己的航空运力和国际投递网络，主要依赖民用航空公司的商业航班和各国邮政制定的邮路，国际快递的时效和能力受到限制，网络的效率也有待进一步提高。

C 港澳台快递

港澳台快递是寄件地和收件地分别在中国境内和中国香港特别行政区、中国澳门特别行政区、中国台湾地区的快递业务。一般将港澳台市场和国际快递市场合并统计。

2.2.2.2 国有、民营、外资三大主体

按照所有制形式划分，在我国快递市场提供服务的快递企业分为三大市场主体，即国有、民营和外资快递企业，这些企业规模不等，数量众多。2011 年，全国规模以上快递服务企业业务量累计完成 36.7 亿件，同比增长 57.0%；业务收入累计完成 758 亿元，同比增长 31.9%。国有、民营和外资快递企业齐头并进，全行业得到快速发展。

2011 年全年国有快递企业业务量完成 10.8 亿件，实现业务收入 271.1 亿元；民营快递企业业务量完成 24.8 亿件，实现业务收入 374.5 亿元；外资快递企业业务量完成 1.1 亿件，实现业务收入 112.5 亿元。国有、民营、外资快递企业业务量市场份额分别为 29.4%、67.6%和 3.0%，业务收入市场份额分别为 35.8%、49.4%和 14.8%。

A 国有快递企业

主要是邮政、民航等部门的国有和国有控股企业，以中国邮政速递物流股份有限公司、民航快递等为代表。

B 民营快递企业

民营快递企业以顺丰、申通、圆通、韵达、中通、宅急送等企业为代表。目前我国从事快递服务的民营企业主要分布在以北京、上海、广东为核心的长江三角洲、珠江三角洲和京津冀地区。

C 外资快递企业

1980 年 6 月，日本海外新闻普及株式会社（OCS）经当时我国外贸部和海关部署批准，与国内当时最大的外贸运输企业——中国外运总公司签订了我国第一个快件代理协议。随后，以德国敦豪国际航空快件有限公司（DHL）、美国联邦快递公司（FedEx）、美国联合包裹服务有限公司（UPS）和荷兰天地公司（TNT）（目前已被 UPS 收购）四大国际快递企业为代表的国际快递公司以同样的方式陆续进入中国市场。1984 年，FedEx 登陆中国。1986 年，中外运 DHL 在北京成立。1988 年，UPS 与中外运建立合作关系，同年，TNT 进入中国，与中外运合资建立了“中外运一天地快件有限公司”。

2.2.2.3 航空、公路、铁路三大运输方式

按照快递运输方式划分，有航空快递、公路快递、铁路快递三种运输方式。航空快递主要依托航空公司和机场，为客户提供个性化的航空运输延伸服务。由于运输快捷，成为远途快递最常用的方式，尤其是在国际快递市场方面发挥了主要作用；公路快递是目前运输量最大的运输方式，国内异地和同城基本使用这一方式；铁路快递通过行李车快运，运量大，安全、准时，适用大件物品和一些航空禁运物品的远途运输。此外，在特殊情况下，水路运输也发挥了一定的作用。

事实上，航空快递和铁路快递都和公路快递密切相关，三种运输方式高效、流畅的结合对于提高快件传递效率、提升快递服务质量具有十分重要的意义。

2.3 快递业务网络

2.3.1 快递业务网络的定义

快递业务网络是指实现快件收寄、分拣、封发、运输、投递等所依托的实体网络和信息网络的总称。

2.3.2 快递业务网络的分类

快递服务是通过网络实现的，其中快件是通过实体网络传递的，快件信息是通过信息网络传输的。因此，快递业务网络可分为快件传递网络和信息传输网络。

2.3.3 快件传递网络

2.3.3.1 快件传递网络的构成

快件传递网络是由快递呼叫中心、收派处理点或营业网点、处理中心和运输路线按照一定的原则和方式组织起来并在调度运营中心的指挥下，按照一定的运行规则传递快件的网络系统。它是由紧密衔接的各个环节组成的统一整体。只有充分发挥并依靠全网的整体功能，才能顺利地完成快件的传递任务。

A　呼叫中心

呼叫中心，也称“客户服务中心”，是快递企业普遍使用的、旨在提高工作效率的应用系统。它主要通过电话、网络系统负责受理客户委托、帮助客户查询快件信息、回答客户有关询问、受理客户投诉等业务工作。

B　收派处理点或营业网点

收派处理点或营业网点是快递企业收寄和派送快件的基层站点，其功能是集散某个城市某一地区的快件，然后再按派送段进行分拣和派送。

收派处理点或营业网点的设置，应依据当地人口密度、居民生活水准、整体经济社会发展水平、交通运输资源状况以及公司发展战略等因素来综合考虑，要本着因地制宜的原则，科学、全理地设置。从我国快递企业目前设置情况看，城市网点多于农村，东部地区多于西部地区，经济发达地区多于经济欠发达地区。收派集散点是快件传递网络的末梢，担负着直接为客户服务的功能。

随着快递服务业的快速发展，快递企业收派处理点的硬件设施科技含量日益提高、服务质量和效率得到进一步提升，服务功能也朝着日益多样化、综合化和个性化的方向发展。

C　处理中心

快件处理中心是快件传递网络的节点，主要负责快件的分拣、封发、中转任务。企业根据自身业务范围及快件流量来设置不同层级的处理中心，并确定其功能。在我国，一般全国性企业设置三个层次的快件处理中心，区域性企业设置两个层次，同城企业设置一个层次。以全国性企业为例，第一层次是大区或省际中心，除完成本地区快件的处理任务外，主要承担各大区或省际的快件集散任务，是大型处理和发运中心，一般建于全国交通枢纽城市，如北京、上海、广州等大城市。第二层次是区域或省内中心，除完成本地快件的处理任务外，还要承担大区（省）内快件的集散任务，一般建于省会城市。第三层次是同城或市内中心，主要承担本市快件的集散任务。大区或省际中心对其他大区或省际中心及其所辖范围内的区域或省内中心、同城或市内中心建立直接关系。区域或省内中心对其大区或省际中心、本大区内的其他区域或省内中心，及其所辖的同城或市内中心建立直接关系。

处理中心的设置方式和位置，对快件的分拣、封发和交运等业务处理和组织形式，以及快件的传递速度和质量起着决定性的作用。

随着快递技术含量的上升和快件业务量的增加，快件处理中心的处理方式也正在由手工操作向半机械化和自动化处理方式过渡。

D 运输路线

运输线路是指快递运输工具在快件收派处理点、处理中心间以及所在地区车站、机场、码头之间，按固定班次及规定路线运输快件的行驶路线。运输线路按所需运输工具可分为航空运输线路、火车运输线路、汽车运输线路和水运线路。

运输线路和运输工具是保证快件快速、准确送达客户的物质基础之一，是实现快件由分散（各收寄点）到集中（各处理中心）再到分散（各派送点）的纽带。

E 调度运营中心

调度运营中心是控制并保证快递网络按照业务流程设计要求有序运行的指挥中心。它需要按照预定业务运营计划和目标实行统一指挥，合理组织、调度和使用全网络的人力、物力和财力资源，纠正快件传递过程中出现的偏差或干扰，确保快递网络迅速、高效的良性运转。

2.3.3.2 快件传递网络的层次划分

快件传递网络是企业按照快递业务流程及快递业务实际运营的需要设立的，每一企业的快件传递网络是一个有机的整体。从我国快递企业的实际情况看，不同企业对快件传递网络又划分出不同的层次。一般而言，全国性企业的网络分为三个层次，即大区或者省际网、区域或省内网，以及同城或市内网。

A 大区或省际网

大区或省际网主要承担省际的快件传递任务。它连接各大区或省际处理中心（包括国际快件处理中心），通过陆路和航空运输组成一个复合型的高效快递运输干线网络。

由于大区或省际网是整个快件传递网的关键环节，又最容易出现堵塞和其他问题，必须建立统一有序的指挥调度系统，及时进行信息反馈，以确保网络的畅通无阻。

该类网络的设立与改造，应遵循社会发展和市场经济需求相适应的原则、追求经济效益与社会效益相一致的原则，以及确保快件快速、有序、安全、准确运递的原则。

B 区域或省内网

区域或省内网是大区或省际网的延伸，与同城或市内网联系密切，在快件传递网络中起着承上启下的作用。

区域或省内网以区域或省内处理中心为依托，通过以汽车、火车运输为主的运输线路与和其有直接关系的上级、同级及下级处理中心相连接构成的。区域或省内网按快件运输的方式，可划分为以公路运输为主的公路网络、以铁路运输为主的铁路网络以及多种运输方式相结合的综合网络。

在区域或省内网中，根据快件的流向和流量、当地的地形地貌，以及交通条件等因素，形成不同的网络结构。从其运输线路看，一般常见的有辐射型、直线型和环线型。

辐射型是指区域或省内处理中心与其所辖的同城或市中心形成点对点的关系，各同城或市内中心的快件直接与区域或省内中心进行交换。

直线型表示运输工具从区域或省内处理中心出发，由近及远依次经过各同城或市内中心，并卸载到站快件，然后原车按原线路返回，由远及近依次装载待发送快件后回到区域或省内中心。

环线型表示运输工具从区域或省内处理中心出发，依次经过各同城或市内中心卸载到站快件，然后回到区域或省内中心。

混合型是指上述三种基本运输路线的组合。

C 同城或市内网

同城或市内网是由同城或市内处理中心与若干收派处理点组成的，除负责快件的收取和派送外，还负责快件的分拣、封发等工作。

同以上二级网络相比，同城或市内网的设置，更多需要考虑的是本地的因素，比如市政发展规划、土地征用政策、基本建设投资成本，经济发展水平、产业布局、运输条件、人口结构与密度，文化传统特点，快件的流向和流量等因素。

2.3.4 信息传输网络

在快件传递的过程中，始终伴随着快递相关信息的传输，这些信息包括单个快件运单的信息、快件总包的信息、总包路由的信息，以及快件传递过程中每个节点产生的信息等。传输这些信息的网络就称为信息传输网络。

快递信息网络主要具有以下作用：第一，实现了对快件、总包等信息的实时传递；第二，实现了企业快递信息资源最大限度的综合利用与共享；第三，便于企业运营管理，提高工作效率，规范操作程序，减少人为差错；第四，便于企业为客户提供更优质的服务，包括为客户提供快件查询；第五，有利于增强企业竞争能力，促进企业可持续发展。

快递信息系统网络由物理系统和软件系统两大部分组成。物理系统主要包括信息采集和处理设备、信息传输线路以及信息交换、控制与存储设备。软件系统包括操作系统、数据库管理系统和网络管理系统。

快递企业这种复杂的信息必须通过不同层次和级别的网络及硬件设备连接和管理，因而快递企业都会量身定做适合自身的信息系统，以辅佐实物传递网的正常运行。快递信息网络的建设，是一项庞大而且复杂的系统工程，耗资巨大。因此快递企业应根据自身业务的发展情况，实施分阶段建设的策略，逐步予以完善。在进行硬件建设的同时，应特别注意软件系统的基础建设和技术更新。

2.4 快递服务环节与要求

2.4.1 快递服务的环节

快递服务是在承诺的时限内快速完成寄递服务，具有服务范围广泛，服务内容复杂，服务要求严格的特点。

快递服务总体上要遵循系统优化、质控严格、信息完备与协调、作业安全的原则，为客户提供迅速、准确、安全、方便的快递服务。

快递服务主要包括快件收寄、快件处理、快件运输和快件派送四大环节。

在快递服务四大环节中，不仅每个环节存在大量的组织作业运转工作，而且各个环节之间也需要密切配合、有效组织，从而保证快件快递的动态过程科学、高效。

(1) 快件收寄。快件收寄，是快递流程的首要环节，是指快递企业在获得订单后由快递业务员上站服务，完成从客户处收取快件和收寄信息的过程。快件收寄分为上门揽收和网点收寄两种形式，其任务主要包括验视快件、指导客户填写运单和包装快件、计费称重、快件运回、交件交单等工作。

(2) 快件处理。快件处理，包括快件分拣、封发两个主要环节，是快件流程中贯通上下环节的枢纽，在整个快件传递过程中发挥着十分重要的作用。这个环节主要是按客户运单填写的地址和收寄信息，将不同流向的快件进行整理、集中，再分拣并封成总包发往目的地。快件的分拣封发是将快件由分散到集中、再由集中到分散的处理过程，它不仅包括组织快件的集中和分散，还涉及控制快件质量、设计快件传递频次、明确快件运输线路和经转关系等工作内容。

(3) 快件运输。快件运输，是指在统一组织、调度和指挥下，按照运输计划，综合利用各种运输工具，将快件迅速、有效地运达目的地的过程。快件运输主要包括航空运输、陆路运输和水路运输三大方式。三种运输方式各具特点，经营方式、运输能力和速度也各不相同。快递企业可根据快件的时效与批量等实际要求，选择合适的运输方式来保证快速、准确地将快件送达客户。随着市场经济的飞速发展，航空运输在快件运输中日趋普遍，地位日益提高。

(4) 快件派送。快件派送，是指业务员按运单信息上门将快件递交收件人并获得签收信息的过程。快件派送是快递服务的最后一个环节，具体工作包括进行快件交接、选择派送路线、核实用户身份、确认付款方式、提醒客户签收、整理信息和交款等多项工作。快件派送工作不仅是直接保证快件快速、准确、安全地送达客户的最后一环，也是同客户建立与维护良好关系的一个重要机会。

2.4.2 快递服务的基本要求

为了保证快件以最快的速度和安全、准确、优质的传递质量，以尽可能少的成本和尽可能便捷的方式从快件寄件人送达收件人，快递服务整个流程必须遵循以下基本要求。

(1) 有序流畅。快递流程有序流畅包含三个方面内容：一是工作环节设置合理，尽量不出现重复、交叉的工作环节；二是每一工作环节内运行有条不紊，操作技能和方法运用合理，尽量减少每个岗位占用的时间；三是各工作环节之间衔接有序，运行平稳。上下环节之间应相互配合，保证节奏流畅。

（2）优质高效。优质高效是整个快递服务的生命线。优质，一方面是指最大限度地满足各类客户的需求，提供多层次的服务产品，另一方面是指本着对客户负责的精神，保证每个工作环节的质量，为客户提供优良的服务。高效，是指整个快递流程必须突出“快”的特点，这就要求在网络设计、网点布局、流程管理方面应该合理有效，在工具、设备和运输方式的选择方面能够满足信息和快件快速传递的要求。同时，为保证流程的优质，还应合理配置人员，加强员工培训，提高员工素质。这里，优质是保障，高效是灵魂，没有优质，高效就没有基础；没有高效，优质就会失去意义。

（3）成本节约。控制和节约成本应贯穿于整个快递业务流程。应该尽量减少和压缩不必要的快件中转环节，降低运输消耗，合理配置工具和设备，节约使用物料，充分利用一切可重复使用的资源，以降低企业快递成本，节约社会资源。

（4）安全便捷。安全是快递服务始终遵循的基本原则之一。在整个快递流程中，必须最大限度地降低可能会引发快件不安全的一切风险，保证快件在收寄、包装、运输、派送等过程中免受损坏和丢失；确保信息及时录入、准确传输，不发生丢失和毁灭等。

同时，要体现方便客户的人性化服务，在服务场所设置、营业时间安排、上门收寄和派送服务等方面，都应体现出便捷的服务特点，以满足客户的需求。

复习思考题

2-1　单选题

（1）快递服务的灵魂是（　　）。

A. 廉价　　B. 包装优良　　C. 快递　　D. 门到门服务

（2）快递流程主要包括快递收寄、（　　）、快件运输和快件派送四大环节。

A. 快件处理　　B. 快件包装　　C. 快件储存　　D. 快件加工

（3）在快递信息网络中所传输的信息不包括（　　）。

A. 单个快件运单的信息　　B. 快件总包的信息

C. 总包路由的信息　　D. 收派员信息

2-2　判断题

（1）快递服务中，所有收寄、分发、运输、投递的信件和包裹必须是单独封装的。（　　）

（2）快递网络可分为快件传递网络和信息传输网络。（　　）

（3）快递信息网实现了企业快递信息资源最大限度的综合利用与共享。（　　）

3　快递业务基础知识

前面述及，快递业务按寄达范围分为国内快递业务、国际快递业务、港澳台快递业务三大类。这三类业务除了覆盖地理范围和进出口要求不同外，在业务流程、服务模式和付费方式方面大致相同，这里重点介绍国内快递业务知识，简要介绍国际快递业务和港澳台快递业务知识。

3.1　快件的定义和分类

3.1.1　快件定义

快件是快递服务组织依法递送的信件、包裹、印刷品等的统称。

3.1.2　快件分类

不同各类的快件具有不同的性质和特点，快件业务可以按以下六种方式进行分类。

（1）按照内件性质分类。内件，是指客户寄递的信息载体和物品。根据信息载体和物品的概念，快件主要可分为信件类快件和物品类快件两种。

（2）按照寄达范围分类。按照寄达范围不同可将快件分为国内快件、国际快件、港澳台快件。

（3）按照快递服务时限分类。按照快递服务时限快件可分为标准服务快件、承诺服务时限快件。

1）标准服务快件。标准服务快件是指快递服务组织从收寄快件开始，到第一次投递时间间隔符合快递服务标准承诺时限要求的快件。一般，同城快件时限不超过24h，异地快件时限不超过72h。

2）承诺服务时限快件。承诺服务时限快件是一项兼具时效性和稳定性的高品质快递服务，是指对纳入承诺范围城市间互寄的快件承诺全程时限，对超过承诺时限的快件则退还已收取的费用。

（4）按照赔偿责任分类。按照赔偿责任不同快件分为保价快件、保险快件和普通快件。

1）保价快件。快递服务组织对该快件的丢失、损毁、内件短少承担相应赔偿责任的快件。

如果保价快件在传递过程中发生遗失、损坏、短少、延期等问题时，客户可向快递企业提出索赔诉求，快递服务组织须承担相应的赔偿责任。

2）保险快件。保险快件是指客户在寄快递快件时，除交纳运费外，还按照快递企业指定的保险公司承诺的保险费率交纳保险费的快件。如果保险快件在传递过程中发生遗失、损坏、短少、延迟等问题时，客户有权向承包的保险公司提出索赔要求。

3）普通快件。普通快件，是指只交纳快件运费而不对快件实际价值进行保价并交纳保价费的快件。《邮政法》第四十五条第二款明确规定："邮政普遍服务业务范围以外的邮件的损失赔偿，适用有关民事法律的规定"。同时，《邮政法》第五十九条又规定："第四十五条第二款关于邮件的损失赔偿的规定，适用于快件的损失赔偿"。这就明确了快件的损失赔偿适用于有关民事法律的规定。

（5）按照付费方式分类。按照付费方式不同，快件分为寄件人付费快件、收件人付费快件和第三方付费快件。

（6）按照结算方式分类。按结算方式不同，快件分为现结快件和记账快件。

3.2　快递业务知识

3.2.1　国内快递服务的主要服务环节

国内快递服务是指从收寄到投递的全过程均发生在中国境内的快递服务。国内快递服务分为省内快递和省际快递，省内快递分为同城快递和省内异地快递。无论是省内快递还是省际快递，主要服务环节和禁限寄物品规定基本一致。

国内快递服务的主要服务环节为：收寄、分拣、封发、运输、投递，以及查询、投诉和申诉、赔偿等。

3.2.2　国际快递服务的主要服务环节

国际及港澳台快递业务流程与国内快递业务一样，都要经过收寄、分拣封发、运输和派送四大环节。其主要区别在于，国际快件在入境和出境过程中，需接受我国和有关国家海关的进出境检查，必须办理通关手续。

提供国际快递服务的快递企业的有关业务人员，不仅要熟悉和掌握我国通关的有关法规、政策、制度和程序，而且还必须了解和掌握有关主要国家的通关规定和知识。

国际快递服务包括国际进境快递服务和国际出境快递服务。

3.2.3　快件通关相关知识及要求

3.2.3.1　我国海关对快递物品的规定

国家对禁止出入境物品有明确的规定。这些规定主要是从保护国家安全、国家利益和公民生命财产安全角度确定的。禁止入境的物品包括武器、毒品、影响环境和危害社会道德的物品以及其他对个人、环境和国家安全有影响的物品。禁止出境的物品包括涉及国家秘密的信息资料、文物、濒危动植物、影响国家安全的音像制品和印刷品等。

限制出入境物品，主要不是整体禁止该种物品的出入境，而是对数量、价值进行限制。例如，对入境的烟草和外币不得超过一定数量等。同时，对出境的物品也有类似的限制，如一般文物、贵重中药材等。

快递企业和快递业务员，必须熟悉并严格遵守国家的有关规定，在工作过程中要严格把关，不发生收寄和派送国家明令禁止进出境的物品情况，也不过量收寄不符合限寄要求的物品。

3.2.3.2　快件通关相关知识和要求

A　报关部门

从事国际快递服务的快递服务组织可设立报送部门，根据有关规定向当地海关申请代理报关资格，办理代理报关业务，并配合海关对受海关监管的进出口国际快件实施查验放行工作。另外，国际快递服务可采用代理报关办法，即由快递企业委托报关中介公司代理报关手续。

B　报关知识

快件的报关和查验应当在快递企业所在地海关办公时间和专门监管场所内进行。如需在海关办公时间以外或专门监管场所以外进行，需事先商经海关同意，并向海关无偿提供必需品的办公场所及必备的设施。

入境的快件，应当在运输工具申报入境后24h内向海关办理报关手续，出境的快件，应当在运输工具离境前4小时向海关办理报关手续。

C　快递企业应承担的义务

(1) 及时向海关呈交快件通关所需的单证、资料，并如实申报所承运的快件。

(2) 通知收、发件人缴纳或代理收、发件人缴纳快件的进口税款，并按规定进出境快件交纳税费、监管手续费等。

(3) 除非海关准许，快递企业应当将监管时限内的快件存放于专门设立的海关监管仓库内，并妥善保管。未经海关许可，不得将监管时限内的快件进行装卸、开拆、重换包装、提取、派送、发货或进行其他作业。对于进境快件，“监管时限”是指自运输工具向海关申报起至办结海关手续止；对于出境快件，“监管时限”是指自向海关早报起至运输工具离境止。

(4) 海关查验快件前，快递企业有关业务人员应对快件进行分类。海关查验快件时，快递企业应当派工作人员到场，并负责快件的搬移、开拆、重封包装等。

(5) 发现快件中含有禁止出境的物品，不得擅自处理，应当立即通知海关并协助其进行处理。

3.2.4　禁限寄规定

国家法令明确规定，任何组织和个人不得用快递网络从事危害国家安全、社会公共利益或者他人合法权益的活动，并明确规定了禁限寄物品的种类、收寄检查和管理制度。

国家法律、法规明文禁止寄递的物品共有14类，主要包括具有燃烧、爆炸、腐蚀、毒害和放射等性质的危险物品，譬如武器、弹药、刀具、鸦片、大麻、冰毒等物品，还包括严重危害国家安全、破坏民族团结、破坏民族团结、破坏国家宗教政策、破坏社会稳定的禁寄物品，如宣扬法轮功邪教的宣传品，藏独、台独的标志物等。

限寄物品是指对国家规定的限制流通或特许经营的物品，例如烟酒等进行限量快递的物品。

另外，使用国际快递服务时，还要遵守收寄国、寄达国和中转国的相关禁限寄规定。

复习思考题

3-1　单选题

（1）快件内件分类，可分成（　　）。

A. 信件类和包裹类快件　　B. 信件类和单箱式快件

C. 包裹类和集箱式快件　　D. 信件类和集箱式快件

（2）下列（　　），是除交纳运费外，还需要按照声明价值费率交纳保价费的快件。

A. 保价快件　　B. 保险快件　　C. 普通快件　　D. 普通同城快件

（3）快件按赔偿责任可分为（　　）。

A. 到付快件、保价快件、保险快件　　B. 保价快件、保险快件、普通快件

C. 保险快件、普通快件、到付快件　　D. 普通快件、保价快件、到付快件

3-2　判断题

（1）关于快件的概念：快件是快递服务组织依法收寄并封装完好的信件和包裹等寄递物品的统称。（　　）

（2）经营进出境快件业务的快递企业，应通知收、发件人交纳或代理收、发件人交纳快件的进出口税款。（　　）

（3）在进出境快件当中，如果发现禁止进出境的物品，可以立即自行处理。（　　）

4 快递服务礼仪

4.1 快递服务礼仪概述

4.1.1 快递服务礼仪的内涵与要求

4.1.1.1 服务礼仪的内涵

礼仪作为人们思想、意识、修养、情操水平的重要标志。在现代社会中占据着极其重要的地位，服务礼仪是各服务行业为员必备的素质和基本条件。学习服务礼仪不仅有助于塑造良好的形象，还有助于提高综合素质。

A 服务礼仪的内容

在道德思想方面，要加强服务人员的世界观和人生观改造，加强其思想品质和职业道德的培养，使其提供的服务是发自内心的、真诚的奉献。

在语言修养方面，服务人员应使用文明礼貌用语，尽量提高个人谈吐修养和口头表达能力。

在表情训练方面，开展文明优质服务，不仅要强调语言文明，还必须要强调表情优雅。优质服务所要求的表情必须以微笑作为最基本的内容，辅之以温柔、和气、谦逊和真诚。这是一种后天的气质，是靠经常训练得来的。

在姿态矫正方面，服务人员要随时注意自己站、立、坐、行的姿态，使其尽量符合端正、大方、文明、优雅的标准。

在服饰搭配方面，服饰要整洁、得体、朴实、大方，有统一服装的要着统一服装，杜绝一切不得体和过分的修饰打扮。

在礼仪禁止方面，包括的内容很多，主要有：职业道德方面的禁止，如要忠于职守、恪守信用、不得歧视客户，不得违反承诺等；服务语言方面的禁止，如不得使用任何不文明语言；服务态度方面的禁止，如对待客户热情谦逊，不得与客户发生争执等；服饰方面的禁止，如女职工不准浓妆上岗、男职工不得留长发等；服务纪律方面的禁止，如不得泄露客户信息、禁止酒后上岗等。

可见，服务礼仪是一个人的综合素质体现。提高服务人员的服务礼仪水平，需要全方位提高服务人员的综合素质。

B 服务礼仪的实质

服务礼仪的基础是知识素养。正如人们所说："知识可以弥补外表的缺陷，美貌却永远无法弥补知识的缺陷。"服务礼仪作为人的一种内在素质的自然流露，知识素质是它本质的基础。作为一名服务人员，只有注重平时自身知识素养的全面提高，才能从内而外地自然流露出良好的服务礼仪。

4.1.1.2　服务礼仪的基本要求

服务礼仪的基本要求主要包括语言修养和非语言修养两个方面的内容。

A　语言修养

“言为心声”，有声语言是人们在交往过程中表情达意的工具。一个现代化的服务人员必须具备良好的语言修养，准备把握语言技巧，努力使自己的语言完美化，使服务对象对服务人员产生敬重感，从而树立起良好的服务礼仪形象。语言修养主要有以下几点。

(1) 从语言规范方面来说，在服务工作中服务人员应讲普通话。因为普通话可以准确、快捷地把需要传达的信息传递给对方；不能因为使用方言而使对方听不懂，耽误对方宝贵的时间，甚至产生误解，从而引起不必要的矛盾和冲突。

(2) 从语言表达方面来说，服务人员应在掌握好本岗专业知识之外，还要具备较强的语言表达能力及良好的沟通技巧。在与客户沟通时，应学会认真倾听，对对方的疑问能够快速反应并简洁、准备地作出回答，切忌啰嗦、语无伦次和答非所问。

(3) 从语言礼貌方面来看，应当将敬语“您好”、“请”、“对不起”、“不客气”、“谢谢”等常挂在嘴边。这些语言看似简单、普通，但所起到的作用却不简单。面对客户，轻轻说一声“您好”，可使双方距离拉近；一句“您请”并伴以由衷的微笑，会使对方内心充满亲切和温馨；一句“谢谢”，会促进双方间相互的尊敬和理解。

(4) 在语句选择上，服务人员在对客户的服务过程中，一般应多用陈述语句和一般疑问句，少用或不用祈使句和反问句；多用委婉征询语气，少用或不用命令语气，责己不责人，尽量把责任推给自己。

B　非语言修养

研究非语言沟通的心理学家通过实验得出结论认为，信息传递的全部效果，55%靠面部表情，38%靠语言，所以说非语言修养不容忽视。其内容主要包括以下方面。

(1) 衣着要得体。一个人的衣着是其修养和文明程度的外在标志。服务人员衣着整洁、合群，对客户有着导向和潜移默化的影响。不修边幅、衣冠不整、蓬头垢面会带来许多负面影响。

(2) 仪表要大方。如果一个服务人员仪表端庄、气质高、富有常识，能做到有问必答、笑脸相迎、主动服务，那么客户就会愿意与之交谈、接受帮助，从而更好地进行双方的合作。

(3) 举止要文明。服务人员在服务工作中要始终保持良好的心境，就会有温文尔雅、平心静气、和蔼可亲的态度，而且仪表也会越显得自然、不矫揉造作。另外，在出现矛盾时，良好的心境还可有助于理智、平心静气地去解决问题。

4.1.2　快递服务礼仪的具体内容

快递业务员是快递公司与客户联系的重要桥梁，快递业务员的服务礼仪是客户衡量快递公司服务人员最基本也是最直观的内容之一。

4.1.2.1　快递服务一般礼仪

俗语说“站有站姿、坐有坐姿”，就是要求大家的仪态要落落大方，站、坐、行都要有度。一般人认为，基本的礼仪仪态有站姿、行姿、坐姿、手势和表情五个方面，这五个方面作为一个整体构成了基本的礼仪形象。

A 站姿

站姿是一个人全部礼仪的要本之点。良好的站姿应有挺直、双肩放松，自然呼吸，双臂自然下垂，放于身体两侧，手部虎口向前，手指稍许弯曲，指尖朝下，两脚呈“V”状分开，二者之间相距一个拳头的宽度。采取站姿后，从正面看，主要特点是头正、肩平、身正，给人以稳重、大方、俊美、挺拔之感。

在遵守基本站姿的基础上，还可以有一些局部的变化。男性与女性在站姿方面的差异主要表现在以下方面：

男性应表现出刚健、潇洒、英武、强壮的风采，体现出一种壮美感。站立时，也可以将双手相握，叠放于腹前，或者相握于身后；双脚可以叉开，与肩同宽。

女性则要表现出轻盈、大方、娴静、典雅的韵味，给人一种优美感。双后可相握或叠放于腹前，双脚可以在一条腿为重心的前提下稍许叉开。同时，女士需要注意一点，不论是在什么场合，也不管以何种站姿站立，均应有意识地双膝靠拢。

与人交谈过程中，可视情况，适当调整站姿。比如，在与人短时间交谈、倾听他人诉说时，可适当调整站姿，头部微微侧向对方，双脚一前一后站成“丁字步”，略微收腹、收臀，这样站看起来较为优雅。采用此姿势，重心不要频繁转换，否则给人不安稳的感觉。

站立时切忌东倒西歪，耸肩驼背，左摇右晃，两脚间距过大。站立交谈时，身体不要倚门、靠墙、靠柱，双手可随说话的内容做一些手势，但不能太多太大，以免显得粗鲁。在正式场合站立时，不要将手插入裤袋或交叉于胸前，更不能下意识地做小动作，如摆弄衣角、咬手指甲等，这样做不仅显得拘谨，而且给人一种缺乏自信、缺乏经验的感觉。男性站立时注意双脚距离不能过大，女性站立时不要让臀部撅起。

优美的站姿不是天生就有，人们可以通过以下训练来培养良好的站姿。

一是对镜训练法。要求每人面对镜子检查自己的站姿：正面看是否有歪头、斜肩，侧面看是否有含胸、驼背、挺腹、弯腿等，如发现总是要及时调整。同时对镜训练自己在站立时的面部表情，要保持自然微笑。

二是贴墙训练法。要求后脑勺、双肩、臀部、小腿、脚后跟都紧贴墙壁，并在这几个部位的贴墙处，各放置一张卡片，训练中不能让其掉下。这种训练方法可使人的后脑、肩部、臀部、小腿、脚跟保持在一个平面上。

三是背靠背训练法。要求两人一组，背靠背站立，两人的头部、肩部、臀部、小腿、脚跟靠紧，并在两人的肩部、小腿部和各自的膝间相靠处放置一张卡片，训练中不能让其滑动或掉下。这种训练不仅要让训练者有身体上下处于一个平面的感觉，而且更强调训练者整个身体的平衡、协调和自然。

四是顶书训练法。要求无倚靠站立，把书本放在头顶中心。这种训练方法可使训练者的头和躯体保持平稳。

需要强调的是，站姿的训练不可能一蹴而就，优美的站姿靠的是日积月累。短期培训尽管能取得一定效果，但平时若不有意识地去保持或不能长期的训练，那么不良的姿势很快就会重现。

B　行姿

行走姿势，又称行姿或走姿。它指的是人在行走的过程中所形成的姿势，它是站姿的延续动作。优美的行姿能展示人的动态美，体现出一个人的精神风貌。

行姿的基本要点是身体协调，姿势优美，步态平稳，步幅适中，步速均匀，走成直线。行走方向要明确，给人以稳重之感；最佳步幅应为本人的一脚之长；速度均匀，不宜过快或过慢、忽快或忽慢，正常情况下，每分钟60~100步左右是比较恰当的；重心放准，起步之时，身体的重量要落在前脚掌。由于男女风格不同，男性行走速度稍快，步幅较大，步伐奔放有力；女性速度较慢，步幅较小，步伐轻快飘逸。

行姿不好，不仅影响人的整体美感，还会导致腿部变形。行走的不良姿势有：踢着走，踢着走的时候身体会向前倾，走路时只有脚尖踢到地面，然后膝盖就一弯，脚跟往上一提，这样走路腰部很少出力，一般走小碎步，行姿很不雅；压脚走，与踢着走类似，但此类走路方式双脚着地时间比踢着走的长，走路时身体重量全整个压在脚尖，然后再抬起来，此种走法会形成萝卜腿；内八字走法，会造成O形腿；外八字走法，会产生X形腿；垫脚尖走，本意是为使步伐更为美妙，实际由于脚尖的用力造成膝盖用力于腿肚，导致萝卜腿。

行姿的训练有走直线训练法和顶书训练法两种。走直线训练法是在地上画一条直线，要求双脚踩着直线走。这种训练可纠正错误的步位，控制不当的步幅、速度，还可协调各种动作。训练宜循序渐进，最好配上节奏感较强的音乐。顶书训练法是将书本平稳地放在头顶上，然后起步，要求在行走中书本不滑落。这种训练是为了纠正走路时摇头晃脑、东张西望的毛病。

C　坐姿

坐姿，指人就座时和坐定之后的一系列动作和姿势。坐姿文雅、大方，坐得端庄、自然，不仅给人以沉着、稳重的感觉，而且也是展现自己气质与风范的重要形式。

就座时，通常从左侧走向自己的座位，然后落座。若是走向他人对面的座位落座，最好是采用后退法，待腿部接触到座位边缘后，再随势坐下。穿裙装的女士就座，应先用双手向前拢平裙摆，然后再坐下。在就座的整个过程中，不管是移动座位还是放下身体，都不应发出噪声。

落座后，依照双腿与双脚所处的不同位置，可以采取以下几种坐姿。

正襟危坐式，又称基本坐姿或双腿垂直式，适用于最正规的场合，应为：上身与大腿、大腿与小腿都应形成直角；小腿垂直于地面；双膝、双脚（包括两脚跟）都要完全并拢。

双腿叠放式，适合穿短裙的女士使用，造型极为优雅，应为：将双脚完全地一上一下交叠在一起，交叠后的双脚之间没有任何缝隙，犹如一条直线；双脚斜放于左右一侧；斜放后的腿部与地面呈45度夹角；叠放在上的腿脚面垂直地面。

双腿斜放式，适合穿裙子的女士在较低处就座时使，应为：双脚首先并拢，然后双脚向左或向右侧斜放，力求使斜放后的腿部与地面45度夹角。

前伸后曲式，适用于女性的优美坐姿，应为：大腿并紧后，向前伸出一条腿，并将一条腿曲后，双脚脚掌着地，双脚前后保持在一条直线上。

大腿叠放式，适用于男性在非正式场合使用，应为：两条腿在大腿部分叠放在一起，叠放后位于下方的一条腿的小腿垂直于地面，脚掌着地；位于上方的一条腿的小腿则内收，同时脚尖向下。

双腿交叉式，男女皆可选用，适用用各种场合，应为：双膝并拢，然后双脚在脚踝处交叉；交叉后的双脚可以内收，也可以斜放，但不宜向前方伸出去。当与客户面对面就座时，以正襟危坐式的方式最佳。

离座时，起身动作应轻缓，保持上身是直立状态，可将右脚向后收半步，而后站起，待站定后，从座位的左侧离去。

蜷缩一团、半坐半躺、跷二郎腿和单脚踩凳等都是不良坐姿。蜷缩一团的坐姿会使脊柱向前弯曲，背肌受到牵引，长期如此，腰背肌过度疲劳形成劳损，脊柱也会失去正常生理弯曲，易损伤致痛；坐在靠椅边缘、背部靠在靠背上的半坐半躺姿势，腰部以下没有支撑，腰部悬空，向后受力加重，易引起腰痛；跷二郎腿则是“有姿势，无实际”的坐姿，经常固定架起一侧腿的人，该侧臀部及大腿外侧的肌、筋过劳而造成慢性损伤，同时也会一定程度地造成盆骨侧倾；单脚踩凳的坐姿是坐下后缩起一腿踩在凳上，这种姿势会使盆骨向一边倾斜、腰部弯向一侧，导致双侧腰肌力平衡失调，易造成腰肌劳损、腰椎错位等伤害。

由此可见，良好的坐姿对人的气质修养及身心健康都有着重要作用，要不断通过坐姿自我控制练习来培养良好的坐姿。

D 手势

手势是一种无声的语言，在交往中有着丰富的含义，是一种表现力很强的体态语。使用手势时，需要注意把握好以下三个原则。

一是规范原则。根据惯例，人们在交往中，表示“再见”、“请进”，或“鼓掌”、“介绍”等，都有其规范的手部动作，不能随意改变和乱加使用，以免产生误解，引起麻烦。

二是贴切原则。手势语的使用要适应交往情境和环境，适合不同的交往对象，要考虑到双方关系、年龄、地位、心理及文化背景等方面的差异。例如，与老年人交谈时，若将双手背于身后，有不敬之嫌。又如，在我国，招呼他人过来时，习惯于伸出右臂，掌心向下动，这手势在英国则被认为是“去那边”的意思，而在美国，则只能用于唤狗过来。

三是适度原则。手势语在交际中的作用显而易见，但这并不意味着多多益善。多余的手势，不仅不能表情达意，反而是画蛇添足。而当众搔头皮、掏耳朵、抠鼻孔、剔牙齿、修指甲、挠痒痒、摸脚丫、搓泥垢等不卫生的手势，以及在与人交谈时，用手指指点他人，或在桌子上乱涂、乱画等手势都是不良行为，有损服务人员形象，应极力避免。

E 交谈

与客户交谈是快递服务人员不可避免的行为，如何得体地完成每一次交谈尤为重要。在与客户交谈时，应注意以下一些方面。

在表情方面，眼神可以流露出内心的情感，给人以不同的感受：在与人交谈中，热情、真诚的目光，会让人感到你对他的欢迎、尊重；狡黠、游离不定的目光，会使对方产生不信任；目不转睛、长久地瞪视，甚至可能激起对方的愤怒。在与别人交谈中，不注视与注视对方的头顶、胸部、腹部、大腿都是失礼的表现。人们运用目光进行交流，如果目光运用不当，不仅会影响信息的传递、感情的交流，而且容易引起误会，甚至可能带来麻烦。因此，在运用目光时要特别注意。

除了前面提到的，运用不当的目光还有：第一，当别人说错了话或拘谨不安时，仍直视对方，这种目光会被误解为对他的讽刺和嘲笑。第二，在与多人共处时，只注视着某一个人，这种目光会使别人觉得受到冷落，此时，应保证重点、兼顾多方，要让每一个人都能得到你的注视。第三，对别人浑身上下反复打量，尤其是对陌生异性，这种目光易被理解为有意寻衅闹事。第四，与人见面，不正视对方而采用俯视，这是一种居高临下的目光，让人有不平等、受歧视的感觉。第五，窥视他人，这种目光表明了你心中有鬼。第六，频繁地眨眼，快速转动眼球，这就是挤眉弄眼，会给人留下轻浮、不稳重的印象。

除了眼神，微笑也是一种生动的表情，会创造出令人倍感轻松的氛围。它是人们领会的最快最好的一种情感，是人际交往的最佳入场券。快递服务人员应该做到：一到岗位，就把个人的一切烦恼和不安置于脑后，振作精神，把微笑服务贯穿于工作的全过程中。微笑的基本方法是：面部肌肉放松，嘴角两端微微向上提起，唇部略呈弧形，不发声、不露齿地轻轻一笑。除此之外，还应注意面部其他部位的相互配合。通常，微笑时，眼睛略微张大，目光亮而有神，眉头自然舒展，眉毛微微上扬。微笑虽然是"世界通用语言"，但也不能不分场合、不看对象地随意使用。微笑要兼顾对象，当对方存在生理缺陷、满面哀愁，或当对方由于说错了话、做错了事、出了洋相而颇感尴尬时，都不应该面带微笑。

在与客户交谈的动作举止上，应该控制和规范自己的一些有意或无意的动作。如快递服务人员在讲话时，可用适当的手势来补充和说明所阐述的具体事情；若倾听客户讲话时，则可以用点头、微笑等来反馈"我正在注意听"、"我很感兴趣"等信息。适度的举止即可表达敬人之意，又有利于双方的沟通和交流。

在适当运用一些动作时，快递服务人员也应避免过分、多余的动作。与人交谈时可有动作，但动作不可过大，更不要有手舞足蹈、拉拉扯扯、拍拍打打等行为。为表达敬人之意，切勿在谈话时左顾右盼，或是双手置于脑后，或是高架"二郎腿"。交谈时应尽量避免打哈欠，如果实在忍不住，也应侧头掩口，并向他人致歉。尤其应当注意的是，不要在交谈时以手指指人，因为这种动作有轻蔑之意。

4.1.2.2　快递服务形象礼仪

A　面部卫生

面部清洁与护理是保持良好仪表仪容的基础。面部清洁的标准：无灰尘、无污垢、无汗渍、无分泌物、无其他不洁之物。快递服务人员在进行面部修饰时注意保持清新自然而不过分做作。

因为男性户外活动多，加上油脂分泌较旺盛，皮肤较粗糙，更易产生黑头、皱纹等，如果皮肤护理不当，容易在社交中给人不好的印象。男性服务人员应该刮净胡须；面部保持清洁，眼角不留有分泌物，如戴眼镜，应保持镜片的清洁；保持鼻孔清洁，平视时鼻毛不得露于鼻孔外。

女性服务人员则要求在工作中化淡妆，淡妆以突出五官中最美的部分、掩盖或矫正缺陷部分为目的，通过恰当的淡妆修饰，实现自然、清晰、大方的美。女性化淡妆的程序有隔离肌肤与彩妆、修正肤色、画眉妆、化眼妆、化唇妆和定妆六步。

B　头部卫生

可以通过个人的发型来判断其工作单位的高低层次。快递服务行业人员的发型要给人以亲切感，要勤洗，无头皮屑，且梳理整齐。男士头发长短要适中，不剪怪异发型，不留长发，以前不盖额、侧不掩耳、后不及领为宜；女士宜选轻便式短发、自然式发束，但不宜披发。

C 口腔卫生

保持口腔清洁是与人交际必需的环节，也是当今文明社会交往所必须要求的。口腔清洁的目标是拥有一口洁白清新的牙齿。

在工作中应预防口臭。因口臭从口腔里发出的难闻的气味，不仅致使对方不悦，也会使自己难堪。存在口臭问题时，应避免用嘴呼吸，以免呼出的异味影响到他人，在工作时也应注意保持一定的距离，必要时也可用手来遮掩，或用口香糖减少异味，但应避免在客户面前嚼口香糖这种不礼貌的行为。口臭作为一种疾病，既可能是内脏疾病引起的，也可能是口腔疾病或不注意口腔卫生引起的。有口臭者应在保持良好口腔卫生习惯的基础上查明口臭的原因，尽早治愈。

同时注意，在工作前不吃有异味的食品，如蒜、葱、韭菜和臭豆腐等。

D 耳、鼻部卫生

耳、鼻部是很多快递服务人员容易忽视的部位，需要更加注意清洁卫生。服务人员要对耳廓、耳根后及耳孔边经常进常进行除垢，不可在此处留皮屑。但此举不宜在工作岗位上进行，特别是不要在客户面前掏自己的“耳屎”。

快递服务人员切勿当众用手去擤鼻涕，更不要用力吸入腹中，去除鼻涕宜在无人在场时进行，以手帕或纸巾进行辅助。注意不要将此举搞得响声太大。

有的快递服务人员耳孔周围会长出浓密的耳毛，有人鼻毛长到一定程度也会冒出鼻孔之外，对此，应定期检视、修剪。

E 手部卫生

在快递服务中，手臂通常被视为快递人员所拥有的“第二枚名片”，一双清洁的手是快递服务人员的基本要求。工作中，握手等手部姿态都会使对方由手对你产生第一印象，所以手部卫生在仪容中占有很重要的位置。人们很容易将手的形象与个人修养相联系。

快递服务人员要求手臂干净整洁，饭前便后要洗手。指甲要经常修剪，指甲缝中不能有污垢。不能用牙齿啃指甲，也不能在公共场合修剪指甲，这都是不文明、不雅观的举止。此外，快递服务人员不能在工作岗位上乱用双手，如揉眼、挖耳、抠鼻、剔牙、抓痒等，也不能用双手四处乱摸。在手臂上刻字刻画更是在严禁之列。

4.1.2.3 快递服务服饰礼仪

A 着装

快递服务人员应着公司统一工装。工装，一般泛指人们在工作场合的着装，对快递服务人员来说，工装就意味着在其工作之时，按照有关规定应当穿着与本人所扮演的服务角色相称的统一制作的正式服装。上岗时着工装，不仅减少了快递服务人员在服饰搭配上的精力消耗，保证全体员工着工装的整齐划一，而且还可以同时增强其归属感、向心力和凝聚力。快递服务人员身着的工装要熨烫整齐，不得有污损；衣服袖口须扣上，衣领要摆好，上衣下摆须束在裤内；系深色皮带，鞋带要系好，保持鞋面干净，穿深色袜子，不得穿着拖鞋或高跟鞋上班。

B　配饰

按公司的不同规定，若有需要，工牌应时刻佩戴于胸前。其直接影响着客户对快递服务人员及快递公司的价值判断。作为一名快递服务员，一言一行不但代表自己，更代表着公司的企业形象，如果在服务过程中语言不规范，态度不佳，行为让人难以接受，不但会导致公司的信誉下降，也会影响到个人的工作业绩。

4.1.2.4　快递服务行动

A　公共场合礼仪

在公共场合，快件业务员应遵纪守法、尊老爱幼、乐于助人、见义勇为；更应爱护公共设施，爱护园林设施，爱护公共绿地；在使用公共卫生间时，应做到便后随手冲水，洗完手后随手关上水龙头。

B　上门服务礼仪

打招呼是与客户沟通的第一步，积极、主动、愉快地与客户打招呼，将有助于与客户进行沟通。打招呼时看着对方的眼睛，会让对方觉察到对他的尊重；即便穿着整洁、神清气定地去上门收派件，客户也会怀疑你的专业性与真实性。如果是在路途中遇到客人，不论你是否能够记得起是哪位客户，如果你鼓足勇气先行打招呼，你会给客户留下美好的印象。来到客户处，主动向前台门卫、客户或其他靠近的人员打招呼，这是体现对客户的尊敬。当对方在接电话或接待其他人员时，稍稍点下头或使用某些恰当的肢体语言会比唐突地打招呼更有效，等客户忙完了，再进行工作。

在与对方交谈时，开朗、清晰地说话，也是对对方的尊重，仅做姿势，会让对方不知所措。即使是很小的差错，有效地使用委婉的语言，也可以缓和双方的气氛，让对方更能接受你的歉意。在答话过程中，不论是对客户，还是公司的同事及生活中的亲人或朋友，如果有意或无意地发出轻蔑的语调，或丢下刺耳的话，都会给你带来意想不到的麻烦。

点头是其中的一种答话方式。当交谈时，对方看得见会有很好的效果，如果对方看不见，还使用点头的方式答话，会被对方认为是不礼貌的行为。即使只是随声附和：是、明白、听到了、知道了，也会让交谈对方感受到你在认真听他们说话。

在上门服务时，应将手机设置到振动或无声状态，以免由于手机铃声突然响起而影响你的服务质量或引发客户的不满情绪。

C　窗口服务礼仪

窗口是客户了解快件企业最直观的渠道。能够准确、迅速地接待客户是对窗口服务人员最基本的要求。在客户向窗口靠近的过程中，窗口服务人员应迅速做出反应，主动向客户问好、询问客户需求，并帮助和指导客户完成快件寄递业务。

D　接、递物品礼仪

快递业务员在向客户递送或接收快递物品、运单、宣传单或其他票据时，都应采取双手递上或接过来的方式，以示对客户的尊重。如果是需要客户签字，应双手将文件递上，并使文件的正面对着客户一方。

如果向客户发放宣传单页被拒绝时，快递业务员也应双手从客户手中接过宣传单页，并说："如果您今后有这方面的需要，我将随时为您送上业务介绍单。"快递业务员切忌单手用力抽回单页或做出其他气愤动作。

4.1.2.5 快递服务用语礼仪

快递服务人员与客户交谈时，应使用文明语言，尽量少用专业术语，让客户有亲切感，避免出现影响交流效果的情况。

A 日常用语服务

在快件服务中，语言要亲切，招呼要热情，待人要诚恳有礼貌，主动、恰当、自如地使用文明用语。常见的礼貌用语有您好、请、对不起、麻烦您、劳驾、打扰了、好的、是、清楚、请问、请稍等、抱歉、没关系、不客气、有劳您了、非常感谢（谢谢）、再见（再会）等。快递业务员在与客户打交道时应分别使用以下文明礼貌用语。

（1）在同客户打招呼时，可以说：

早上好/下午好！我是××快递公司快递服务人员。

您好，我是××快递公司快递服务人员，让您久等了！

（2）称呼客户时，可是用：

贵公司/贵部门（对方公司的称呼）。

姓氏+先生/小姐（对客户本人的称呼）。

我们（对自己公司的称呼）。

（3）同客户交流时，可以说：

您说/请讲。

是的/嗯/知道/明白。

还请您阅读一下……。

打扰一下，请您在这里签个字。

请让我来帮您包装快件吧。

真是对不起，刚才是我搞错了，我马上更正，请您谅解。

谢谢您了，总是承蒙关照，希望下次再为您服务。

（4）当遇到客户寄递的物品属于违禁品时，可以解释和劝阻说：

对不起/非常抱歉，这种（类）液体属于易燃液体，是航空违禁品，不能收寄，请您谅解。

非常抱歉，这种（类）物品在运输途中可能会存在安全隐患，不能收寄，请您谅解。

（5）在任何情况下，都应避免使用以下粗俗或带有攻击或侮辱性的语言：

你家这楼真难爬！

运单怎么还没有准备好啊，我很忙！

每次到您这里都耽误我好多时间，您看，今天又是这样！

你怎么这么笨，都教过您好多次了，还要问如何填写运单！

你们公司到底在哪里啊，我的腿都要走断了还找不到！

我们公司不是为你家开的，说怎样就怎样！

嫌贵，就别寄了！

我没时间，自己填写！

找领导去/您找我也没用，要解决就找领导去！

有意见，告去/你可以投诉，尽管去投诉好了！

B　电话礼仪

电话已是现代社会最重要的沟通渠道。为更好地开展业务，也要求快递服务人员掌握正确的电话礼仪，来更好地处理客户、自身和公司的关系。

快递业务员应时刻保持手机畅通，及时接听电话。接、打电话时，都应马上告知自己的身份，如“您好，我是××快递公司”。这样就不会让客户产生猜疑，并可节省时间。如果对方没有告诉你他的姓名，而你主动告诉他时，可以减少敌对的气氛。

在通话过程中要专心，边吃东西或喝饮料边打电话是对客户的极端不尊敬，如果你真得必须分神来照顾其他事，请向客户解释清楚并请客户稍等。用手捂住听筒讲话也会让客户感觉不礼貌。在与客户通电话时，尽量减少其他声音。

如果因故无法按时到达客户处，要在第一时间通知公司客服部门，向客户致电表示歉意，争取得到客户谅解。

在确定对方确实已经讲完时，再结束电话，并让对方先挂断电话后自己再挂断电话。

常用的电话文明礼貌用语有：

早上好/下午好/打扰您了，我是××公司快递服务人员，前来收件/派件。

您好，打扰您了，我是××快递服务人员，现在为您派件，但不知您的具体位置是在哪？

您好，打扰您了，我是××公司快递服务人员，您是在××大厦A座×楼吗？

很高兴与您通话，×先生/×小姐。

不好意思，我马上到您那派件，请您稍等。

4.2　快递业务员服务规范

在快递服务过程中，快递服务人员，尤其是与客户发生直接联系的一线快递服务人员，其形象和服务规范对于完成工作具有十分重要的作用。快递服务人员规范的服务会起到开发新客户与巩固老客户的双重作用。本节重点介绍收派人员和窗口处理人员的服务规范。

4.2.1　收件和派件

快递收派员到达目的地后，就要进入客户单位或小区里进行快件收派工作。在工作中，收派员代表公司以工作身份进入客户所在场所，不应私带亲属、朋友，避免给客户带来困扰。

（1）等待进门。在客户单位或小区时，应主动出示工牌，礼貌地与客户处的员工打招呼并进行自我介绍，如：“您好！我是××快递公司快递服务人员，我是来给×先生/小姐收/派快件的。”

在客户场所需配合客户公司或小区的要求办理相关出入登记手续，及时归还客户公司的相关证明，如放行条、临时通行证等。

若由收发室（小区物业等）统一办理收派快件的，事先应向客户确认，并得到客户许可，否则应向工作人员说明快件的重要性和责任，尽量由客户亲自签收，但无论何种情况都不得与前台人员发生任何口角和冲突。

当前往客房办公室（房间）时，无论客房办公室（房间）门是打开还是关闭，都应该按门铃或敲门向客户请示。若按门铃，用食指按门铃，按铃时间不超过3s，等待5~10s后再按第二次；若需要敲门时，应用食指或中指连续敲门三下，等候5~10s门未开，可再敲第二次，敲门时，应用力适中，避免将门敲得过响影响其他人；在等候开门时，应站在距门1m处，待客户同意后方可进入房间内。

（2）进门。进门后，在客户场所应遇事礼让、和平共处，不东瞅西望，对除客户外的相关人员，如客户的同事、朋友应礼让三分，在征得客户同意后，才能进出客户办公场所或其他地方；在客户的走廊、大厅、电梯里遇到客户处的员工都应主动让路，如确需超越时应说："对不起，麻烦下。"快递服务人员切忌出现手把门框、脚踏墙壁的动作。

针对与客户的熟悉程度不同，应采用不同的自我介绍方式。如果上门服务次数较少，不认识客户或与客户不熟悉，应面带微笑、目光注视客户，采用标准服务用语，自信、清晰地说："您好，我是××快递公司快递服务员×××，我是来为您收件的。"介绍的同时出示工牌，把工牌有照片的一面朝向客户，停顿2s，让客户看清楚照片和姓名。如上门服务次数较多，与客户很熟悉或属于公司经常服务的客户，可省略自我介绍，但应热情主动与客户打招呼，并直接表示："您好，×先生/女士，我是来为您收件的。"

当对方在电话中或接待其他人员，稍稍点下头或使用某些恰当的肢体语言会比唐突的打招呼更有效，等客户忙完了，再进行工作。

（3）收派等待。当到达客户所在场所，不能马上收取快件时，要态度谦逊、礼貌地上前询问，并视等候时间做出调整，责怪、不耐烦的询问语气只会增加客户的反感而不会得到帮助。千万不要埋怨客户，对服务行业来说，这是大忌。

如果快递服务人员到达客户处，客户还没有把需要托寄的物品准备好，收件员应礼貌地询问还需要多长时间，如果在15min内不能准备好的话，应做到：一是向客户解释因时间紧张，还需去其他公司收取快件，不能长时间等候，告知客户准备好后再打公司接单电话，同时快递服务人员本人应打电话跟公司讲明情况，说明已去过但客户未准备好；二是客户约定收件时间，在约定时间内一定要赶回客户处收取快件，同是也应向公司备案。

在短时间的快件收派等待时间内，快递服务人员未经客户允许，不得随意就坐或随意走动，任意翻看客户处的资料、不耐烦、私喝客户处的水、与前台人员开玩笑、吸烟等更是不允许，也不得在客户处大声喧哗，私自使用客户电话，这都将会引起客户怀疑甚至反感。在客户处使用手机时也应尽量小声，以不影响到客户为原则。

（4）快件签收。将快件双手递给客户，并说："×先生/小姐，这是您的快件，请确认一下。"

若客户没有疑问，则用右手食指向运单上收件人签署栏："×先生/小姐，麻烦您在这里签收，谢谢。"若客户对快件有疑问，应礼貌提醒客户："请您和寄件客户再联系确认一下好吗？"

在签收过程中，如发生快件损坏、部分遗失、货件数量不符等情况，导致客户拒绝签收时，需做耐心解释，态度要不卑不亢、不温不火、有礼有节，不能与客户发生任何争执，及时与公司联系，协商处理办法。

（5）快件收取。询问客户："×先生/小姐，这是您要寄的快件吗？"并双手接过客户递过来的快件。将运单双手递给客户，"请您填写运单"或"请问运单填好了吗？"

（6）快件验视。无论货物是否包装好，快递服务人员都应礼貌地询问和验视客户所托寄物品的内容，“×先生/女士，为了对您负责，请允许我帮您确认一下包装内的物品、数量或内包装是否完好，以免有什么遗漏。”

如若验视出所寄物品为违禁物品时，应礼貌地告知客户不予受理的物品，并给予解释，“对不起/非常抱歉，这种（类）物体属于易燃液体（危险物品），是航空违禁品，不能收寄，请您谅解。”

验视快件时应尽量小心，要让客户感觉到你对客户托寄物品的爱护。

（7）快件包装。对于验视确认能够快递的快件，如果客户已提供包装，要仔细检查其严实性与牢固程度。在客户面前做好易碎品的相应防护措施及标识，并主动提醒和协助客户加固包装，客户心里会更加踏实和放心。

如果客户没有进行包装，则应当着客户的面进行包装，按照公司规定操作，操作时不要影响客户的办公，如有纸屑或其他杂物落下应及时拣起并投入纸篓中或带到外面投入垃圾箱中。

（8）快件称重。如在客户处称重或计算轻抛重量，应主动提示客户：“×先生、小姐，请您看一下，计费重量是×千克，运费是××元。”

如无法在客户处称重，应在征得客户同意后将货物带回公司称重，并于第一时间通知客户最终的计费重量和实际运费。如遇客户不信任的情况，快递服务人员应向其说明，“×先生/小姐，请您放心，我们会在第一时间将准备的计费重量通知您，另外，我们公司在这方面监督是非常规范和严格的。”

（9）填写运单。在客户不明白运单填写的相关内容时，应主动做出合理解释。

当运单填写不详细时，快递服务人员应耐心解释，“×先生/小姐，为了保证您的快件准时、安全、快捷地送达，麻烦您把××栏目详细填一下，谢谢您。”

（10）客户签字。将运单双手递给客户，并用右手食指轻轻指向寄件或收件人签署栏，“×先生/小姐，麻烦您在这里签名，谢谢！”

将客户留存条递给客户，“请您收好，这是给您的留底，作为查询的凭证。”并告知客户：“这次快件的运费一共是××元。”

（11）收费。快递服务人员须按运单上的应收运费进行收取，不得以任何理由收取任何额外费用，如联系电话费、过路费、过桥费等。当客户付运费时，应双手接受客户交付的运费。根据客户的要求开出收据或回公司开具发票并及时交给客户。

（12）辞谢与道别。所有收派工作完成后，一定要进行辞谢与道别。辞谢时，可以说：“谢谢您，希望下次再为您服务。”此时，眼睛一定要看着客户，即使客户背对着你或低着头，也要让对方清楚地听到（但不能影响客户处其他的人员），以让客户感觉到你对他的尊重。之后微笑着道别：“还有快件要发吗？谢谢您，如有需要请随时致电我们，再见。”离开办公室时应把门轻轻带上。与客户道别，如果话说得好，会让客户很受用；不与客户道别，扬长而去，会给客户好像少点什么的感觉，最后客户会总觉得不放心。

4.2.2　窗口收寄人员服务规范

4.2.2.1　准备工作

窗口收寄人员应提前到岗，穿着工装、佩戴工牌，检查各项准备工作是否完成，在规定时间准时对外办理业务。

当客户走近窗口时，临近窗口服务人员应分辨身份、起身对客户打招呼：“您好，请问您办理什么业务?”

4.2.2.2　窗口服务

A　收寄

如果问清楚客户是前来寄送快件的，窗口服务人员说：“×先生/小姐，这是您要寄的快件吗?”并双手接过客户递过来的快件。

将运单双手递给客户，“请您填单写运单”或“请问运单填好了吗?”

无论货物是否包装好，快递服务人员都应礼貌地询问和检查客户所托寄物品的内容，“×先生/女士，为了对您负责，请允许我帮您确认一下包装内的物品、数量或内包装是否完好，以免有什么遗漏。”

如若检查出所寄物品为违禁物品时，应礼貌地告知客户公司不予受理的物品，并给予解释，“对不起/非常抱歉，这种（类）物体属于易燃液体（危险物品），是航空违禁品，不能收寄，请您谅解。”

检查快件时应尽量小心，要让客户感觉到你对客户托寄物品的爱护。对于检查确认能够快递的快件，如果客户已提供包装，要仔细检查其严实性与牢固程度。在客户面前做好易碎品的相应防护措施及标识，并主动提醒客户并加固包装，客户会更加踏实和放心。如果客户没有进行包装，则应当着客户的面进行包装。

快件在秤上显示重量后，应主动提示客户：“×先生/小姐，麻烦您在这里签名，谢谢!”

将运单双手递给客户，并用右手食指轻轻指向寄件或收件人签署栏，“×先生/小姐，麻烦您在这里签名，谢谢!”

将客户留存条递给客户，“请您收好，这是给您的留底，作为查询的凭证。”并告知客户：“这次快件的运费一共是××元。”

B　签收

如果问清客户是前来取快件的，窗口服务人员应说：“请您出示您的有效证件。”双手接过客户证件后，对客户说：“请您稍等，我给您查找您的快件。”

找到快件后，双手将快件递给客户，“这是您的快件，请确认一下。”若客户没有疑问，则用右手食指轻轻指向运单上收件人签署栏，“×先生/小姐，麻烦您在这里签收，谢谢!”若客户对快件有疑问，应礼貌提醒客户：“请您和寄件客户再联系确认一下好吗?”

在签收过程中，如发生快件损坏、部分遗失、货件数量不符等情况，导致客户拒签，需做耐心解释，态度要不卑不亢、不温不火、有礼有节，不能与客户发生任何争执，及时与公司联系，协商处理办法。

4.2.2.3　送别客户

当客户办理完业务离开柜台时，窗口服务人员应对客户道别：“谢谢您，请慢走!”

复习思考题

4-1　单选题

（1）下列（　　）不适合女性坐姿。

A. 正襟危坐式　　B. 双腿斜放式　　C. 前伸后曲式　　D. 大腿叠放式

（2）快递形象礼仪不包括（　　）。

A. 面部卫生　　B. 口腔卫生　　C. 头发卫生　　D. 服装卫生

4-2　判断题

（1）语言修养是服务礼仪的基本要求之一。（　　）

（2）语言规范是语言修养的内容之一，语言礼貌不属于语言修养内容。（　　）

（3）快递服务人员应统一着工装。（　　）

5 安全知识

5.1 国家安全知识

5.1.1 国家安全的概念

国家安全是维持主权国家存在和保障其根本利益的各种要素的总和，既要包括传统的政治安全和军事安全，也包括非传统的，非军事领域的经济安全、社会安全、科技安全和资源环境安全等。

5.1.2 国家安全的重要性

国家安全直接关系社会制度的稳定以及改革开放和社会主义现代化建设的顺利进行。任何个人和企业都有维护国家安全、荣誉和利益的义务，不得做出有危害国家安全、荣誉和利益的行为。因此作为快递业务员，必须了解并掌握国家安全的相关知识。

5.1.3 快递企业及其从业人员维护国家安全的权利和义务

5.1.3.1 权利

根据《中华人民共和国国家安全法》的规定，国家对支持、协助国家安全工作的公民和组织给予保护，对维护国家安全有重大贡献的给予奖励；快递企业及从业人员对国家安全机关及其工作人员超越职权、滥用职权和其他违法行为，都有权向上级国家安全机关或者有关部门检举、控告；对协助国家安全机关或者依法检举、控告的公民和组织，任何人不得压制和打击报复。

5.1.3.2 义务

由法律规定的公民和组织义务，是国家运用法律的强制保障实施的，是必须履行的，违反法律规定、不履行义务者就要承担相应的法律责任。快递企业作为一个社会组织、快递业务员作为一个公民，同样承担着维护国家安全的义务。

《中华人民共和国国家安全法》对公民和组织维护国家安全所必须承担的义务作了如下七条规定。

(1) 教育和防范、制止的义务。

(2) 提供便利条件和协助的义务。

(3) 及时报告的义务。

(4) 如实提供情况和协助的义务。

(5) 保守秘密的义务。

(6) 不得非法持有属于国家秘密的文件、资料和其他物品的义务。

（7）不得非法持有、使用窃听、窃照等专用间谍器材的义务。

5.2　信息安全知识

5.2.1　快件信息安全的概念

快件的信息安全是指通过制定规章制度和技术措施，防止在未经许可的情况下，修改、盗窃客户快件的信息或对快件进行物理破坏。保证客户快件中的个人和商业信息安全，是快递业务员必须履行的职责和义务。

5.2.2　快件信息安全的重要性

随着信息化建设的不断深入，国民经济和社会发展对信息化的依存度越来越高，信息安全已成为国家安全、城市安全、公共安全的关键环节。快件中的某些重要信息，一旦发生安全问题有可能影响社会稳定和经济运行，其后果将是灾难性的。快递企业能否保证快件中的信息安全将直接影响到快件能否安全、及时地送达客户，关系到快递企业的服务质量和信誉。

5.2.3　保障快件信息安全的基本要求

（1）快件在处理过程中，除指定的有关工作人员外，不准任何人翻阅信息。

（2）快递从业人员不得私自抄录或向他人泄露收、寄件人名址、电话等快件信息。

（3）处理快件的工作场所，除有关工作人员外，其他人员不得擅自进入。

（4）严禁将快件私自带到与工作无关的任何场所。

（5）严禁隐匿、毁弃或非法开拆快件，发现此类现象时应立即制止，并及时向主管部门报告。

（6）申请改寄、撤回或更改收件人地址、姓名，必须严格审阅有关证件，在未确认寄件人和办妥手续前不得将快件交申请人阅看。

（7）发现包装破损并有可能暴露内件信息时，应立即报告主管人员。

5.3　职业安全知识

职业安全是指企业应按照国家有关职业安全与卫生法规的要求，为职工提供一个符合国家职业安全和卫生标准的工作场所或作业环境，劳动者则应懂得有关职业安全与卫生的法规和相关知识，正确掌握安全使用生产设施和劳动保护用品的方法，以保护自己免受职业事故或职业病的伤害。职业安全不仅关系到广大职工的切身利益，也是快递企业安全、高效生产的有力保障。职业安全在现代企业管理中已显得日益迫切和重要。

5.3.1　职业病和工伤事故的预防

5.3.1.1　职业病的预防

（1）建立劳动卫生职业病防治网。由各级领导负责，有关方面大力协作，建立一个专业防治机构以及劳动保护专职人员组成的防护网，开展职业病的防治工作。

（2）建立空气中毒物浓度测定制度。定期测定，以提供改进预防措施的依据。

（3）建立工作前体检、定期体检制度。工作前体检在于防止患有某些疾病的人不适于该工作，如腰部受过重伤的工人不宜从事搬运工作。定期体检的目的在于早期发现职业危害对人体的影响，早期诊断，早期治疗。

（4）合理使用劳动防护用品，尽量减少快递企业常见的职业伤害。

（5）技术革新、工艺改造。这是预防职业病的重要途径，从根本上改善劳动条件，控制和消除某些职业性毒害。

（6）增加通风排气设备，将有毒气体局限化并及时排出；对少数高毒物质，必须采取严格密闭，隔离式操作，以避免或减少直接接触。

5.3.1.2　工伤事故的预防

工伤预防措施可分为工程技术措施、教育措施、管理措施和经济措施等。

（1）工程技术措施是指对设备、设施、工艺、操作等，从安全角度考虑计划、设计、检查和保养的措施。

对新设备、新装置，从设计阶段开始就应充分考虑安全问题。一般新设备开始时能满足安全要求，但使用以后，因磨损、疲劳或腐蚀等因素的影响，设备也会转变为不安全状态。因此必须根据生产的发展和设备的使用情况，及时改进或采取相应的工程技术措施。工程技术措施是最基本的预防措施。

（2）教育措施是指通过不同形式和途径的安全教育，使职工掌握安全方面的知识和操作方法。安全教育不仅仅是为了学习安全知识，更重要的是要会应用安全知识。

在开展思想教育方面，要使企业领导、管理人员和操作人员从思想上认识到安全工作对生产的促进和保护作用，正确处理好安全与生产的关系，自觉地去组织和落实安全措施。加强法制观念，严格执行规章制度，是做好安全工作的基础。通过提高各级领导和广大职工的政策水平，正确理解安全生产方针，严格认真执行安全生产法规，做到不违章指挥、不违章作业。

在开展安全技术知识教育方面，应包括开展生产技术、安全技术和专业安全技术三个层次的教育。生产技术教育包括企业的基本生产概况、生产工艺流程、操作方法、设备性能以及产品的结构、质量和规格。安全技术知识教育包括企业生产过程中的不安全因素及其规律性、可预防性、安全防护基本知识和尘毒防治的综合措施，个人防护用品的正确使用、发生事故时的紧急救护及自救措施等。而专业安全技术知识教育是对特种作业人员进行的专门教育。掌握先进、实用的安全技术是进行安全生产的另一重要前提。

（3）管理措施是指由国家机关、企业单位组织制订有关的安全规程、规范和标准，从制度上采取的措施。管理措施包括贯彻实施有关法规、规章、标准、规范、安全操作规程，组织安全检查，落实岗位责任制、交接班制度以及各种安全认证制度，如挂牌操作等。

（4）经济措施是指采用经济手段辅助进行工伤预防。比较行之有效的措施是在企业内部设立各种安全奖。对安全生产落实到位的单位和个人进行物质奖励，反之，则进行相应的经济惩罚。

5.3.1.3　工伤保险

工伤保险是指劳动者因在生产经营活动中或在规定的某些特殊情况下，遭受意外伤害、患职业病以及因这两种情况造成死亡，在员工暂时或永久丧失劳动能力时，员工或其遗属能够从国家、社会得到必要的物质补偿的一种社会保险制度。这种补偿既包括受到伤害的职工医疗、康复的费用，也包括生活保障所需的物质帮助。工伤保险是社会保险制度的重要组成部分，也是独立于企事业单位之外的社会保障体系的基本制度之一。

《工伤保险条例》第十条规定：用人单位应当按时缴纳工伤保险费。职工个人不缴纳工伤保险费。用人单位缴纳工伤保险费的数额为本单位职工工资总额乘以单位缴费费率之积。

《工伤保险条例》第四条第三款规定，职工发生工伤时，用人单位应当采取措施使工伤职工得到及时救治。对受伤较轻的，可以到本单位的内部医疗机构进行简单处理；但对伤害严重的，应当将伤者尽快送到四周有相应处理能力的医疗机构进行抢救。一方面，用人单位的抢救要抢时间，以满足紧急救治工伤职工的需要；另一方面，用人单位在运送伤员时，要运用科学的卫生防护手段和技术，使伤情得以控制，而不加重病情。此外，根据1991年国务院制定的《企业职工伤亡事故报告和处理规定》，用人单位要及时地向有关部门报告，否则要受相应的处罚。

5.3.2　职业安全中的劳动防护用品

5.3.2.1　劳动防护用品的概念

劳动防护用品是指为使劳动者在生产过程中免遭或减轻事故伤害和职业危害而提供的个人随身穿（佩）戴的用品。劳动防护用品除个人随身穿用的防护性用品外，还有公用性的防护设施和用具，如安全网、护罩、护栏等。

5.3.2.2　快递业务员常用的劳动防护用品

（1）护腰带或护腰背心。用于腰的保护，防止快递业务员因长期搬运快件弯腰或腰部负力过重而引起腰肌劳损。

（2）口罩。快递业务员在粉尘较多的作业环境中，需要佩戴防护口罩，减少粉尘对身体的直接危害，预防尘肺病。

（3）防护鞋。用于保护足部免受伤害。快递业务员进入处理场地，需要穿上防护鞋，防止足部砸伤；雨雪天气，路面较滑时，应该穿上防滑鞋，防止摔倒。

（4）防护手套。用于手部保护，防止手部撞击、切割、擦伤。快递业务员在搬运有可能对手部造成伤害的（表面粗糙、锋利等）快件时，应该戴上防护手套。

5.3.3　企业的职业安全文化

企业的职业安全文化是指企业为了安全生产所创造的文化，是安全价值观和安全行为准则的总和，是保护员工身心健康、尊重员工生命、实现员工价值的文化，是得到企业每个员工自觉接受、认同并自觉遵守的共同安全价值观。企业安全文化体现为每一个人、每一个单位、每一个群体对安全的态度、思维及采取的行为方式。

企业的职业安全文化是实现职业安全的灵魂，当前，有的企业存在着这样的怪现象：一方面有严格的安全管理制度，另一方面员工对制度却熟视无睹，违章作业屡见不鲜，究其原因，主要是由于企业的职业安全文化基础不牢固。如果说制度的约束对安全工作的影响是外在的、冰冷的、强制执行的、被动意义上的，那么安全文化的作用则是内在的、温和的、潜移默化的、主动意义上的。企业安全文化所具有的凝聚、规范、辐射等功能不仅对企业安全生产，甚至对提升整个企业管理水平会产生巨大的推动作用。

良好的企业职业安全文化不仅会使企业的安全环境长期处于相对稳定状态，更重要的是经过职业安全文化的建立，员工的思想素质、敬业精神、专业技能等方面得到不同程度地提高，同时也会带动与安全管理相适应的经营管理、科技创新、结构调整等中心工作的平衡发展，这对树立企业的品牌形象和增强企业的综合实力等都将大有裨益。

5.4　快件安全知识

保证快件的安全是快递服务中一个非常重要的内容，快件的安全直接影响到快递企业服务质量和企业形象。

5.4.1　快件安全的内容

快递企业应采取措施，确保快件安全：

（1）防止损毁。即防止快件受潮、污染、虫咬、鼠咬、火烧等造成损毁。

（2）防止被盗。防止快件整件或部分内件在收派过程中被盗。既要防止社会人员盗窃快件，也要加强内部快件安全管理。

（3）防止泄密。保守快件信息秘密，确保快件的安全。

（4）防止丢失。在外部收派过程中防止夹带快件、外包装破损等造成的快件丢失。

5.4.2　保障快件安全的注意事项

（1）利用非机动车收派。

1）快件不交由他人捎转带，不乱扔乱放，不让他人翻阅。

2）进入单位或居民区内，车辆及快件应尽量放在视线可及或有人看管的相对安全的地方，做到快件不离身。

3）收派快件时，不出入与工作无关的场所。

4）雨雪天气准备好防水防冻物品，防止快件被淋湿。

5）派送时，将快件捆扎牢固，使快件不裸露在外。在路上随时注意，避免快件掉落。

（2）利用机动车收派。

1）派送快件用的机动车后厢玻璃窗应安装防护网，摩托车装快件的容器应加装锁具。

2）机动车递送快件时要将车辆放在适当的位置（视线可及或有人看管的较为安全的地方）。驾驶员下车时必须锁好车辆并将车钥匙取下，以确保快件和车辆的安全。

除此之外，快递业务员需要加强安全防范意识，克服麻痹思想，确保人身安全和快件安全。如发生快件、车辆被盗抢的情况，快递业务员应立即报警，并及时向领导汇报，妥善处理好被盗快件的善后工作。

5.5　交通安全知识

严格遵守交通安全规则是人身安全的重要保证，无论是汽车、摩托车还是自行车都要严格遵守交通法律法规，做到既保证自身的安全，又不对他人造成伤害。

5.5.1　驾驶汽车的安全注意事项

（1）预见性驾驶。许多交通事故都是由于驾驶员对险情确认迟缓或判断失误所致。为了避免交通事故的发生，预测在什么的场合会有怎样的险情，对于安全驾驶非常重要。

学会判断——不要因错误判断或盲目自信导致事故；及时确认——对复杂的交通环境中可能出现的险情进行及时确认；有效操作——根据险情的程度，理智的采取相应驾驶操作。

（2）应急驾驶。很多交通事故往往是因为一些突然情况所致，比如爆胎、转向失控、制动失灵、火灾、碰撞、天灾（地震、洪水等）。驾驶员一旦遇上这些紧急情况，一定要采取必要的应急技术措施，最大限度地减轻或化解事故带来的损失和伤亡。

5.5.2　使用助力自行车的交通安全注意事项

（1）使用助力自行车驮载快件，长宽高不准超过规定限度：高度自地面起不宜超过1.5m，宽度左右不宜超出车把0.15m，长度前端不宜超出车轮，后端不宜超出车身0.3m。

（2）收派途中助力自行车应当在非机动车道内行驶。

（3）在没有区分机动车道与非机动车道的道路上，应当靠车行道的右侧行驶，并注意观察瞭望，避让机动车辆。

（4）转弯前，减速慢行，向后瞭望并伸手示意，确认安全后方可转弯。

（5）不牵引其他车辆，也不被其他车辆牵引；不攀扶其他车辆；双手不离车把。

（6）通过陡坡或交通情况复杂地段时，下车推行通过。

（7）超越其他车辆时，不能影响被超车辆和其他车辆的正常行驶。

5.5.3　使用摩托车的交通安全注意事项

（1）摩托车载物，高度从地面起不得超过1.5m，长度不得超出车身0.2m。两轮摩托车载物宽度左右不得超出车把0.15m；三轮摩托车载物宽度不得超过车身。

（2）按规定线路行驶。在道路同方向划有两条以上机动车道的，左侧为快速车道，右侧为慢速车道。在快速车道行驶的机动车应当按照快速车道规定的速度行驶，未达到快速车道规定的行驶速度的，应当在慢速车道行驶。摩托车应当在最右侧车道行驶。

（3）驾驶摩托车双手不得离开车把。

（4）不许在车把上悬挂物品。

（5）行车途中不准挂拨或接听电话。

（6）不准下陡坡时熄火或者空挡滑行。

5.6 消防安全知识

快递服务工作，尤其是快件处理场地同消防安全工作联系十分紧密。作为快递业务员，必须增强消防安全意识，掌握消防安全相关知识，以杜绝消防隐患。

5.6.1 处理场地的消防安全注意事项

（1）场地内要保持环境清洁，各种物料码放整齐并远离热源，注意室内通风。

（2）保证场地内防火通道的畅通，出口、通道处严禁摆放任何物品。

（3）场地内不得私接乱拉电源、电线，如确实需要，需报相关部门批准和办理。

（4）使用各种设备必须严格遵守操作规程，严禁违章作业。

（5）电气设备运行期间，要加强巡视，发现异常及时处理。

（6）避免各种电气设备、线路受潮和过载运行，防止发生短路，酿成事故。

（7）场地内禁止使用明火，如确实需要须征得安保部同意，在采取有效安全措施后，方可使用。使用期间须由专人负责，使用后保证处理妥当、无隐患。

（8）负责消防安全人员按时对本部门内各部位进行检查，出现问题及时报告。

（9）场地内，消防灭火器等消防器材及设施必须由专人负责，定点放置。定期检查自动报警系统、消防喷淋设备能否正常使用。

（10）当日工作结束前，应检查场地内所有阀门、开关、电源是否断开，确认安全无误后方可离开。

（11）发现火灾险情要积极扑救，并立即报警。

5.6.2 几种常见的灭火器

（1）二氧化碳系列灭火器：适用于扑灭油类、易燃液体、可燃气体、电器和机械设备等的初起火灾，具有结构简单、容量大、移动灵活、操作方便的特点。使用时，它喷出的二氧化碳灭火剂能使燃烧物的温度迅速降低，并隔绝空气，使燃烧停止，灭火后不留污渍。

（2）泡沫灭火器：适用于扑灭A类（木材、棉麻等固体物质）和B类（石油、油脂等自然液体）物质的初起火灾，是目前国内外油类火灾基本的扑救方式。泡沫与着火的油面接触，在油的表面形成一层抑制油类蒸发与氧气隔绝的保护膜，泡沫与保护膜起到双重灭火作用，具有操作方便、灭火效率高、有效期长、抗复燃等优点。适用于油田、炼油厂、原油化工企业、车库、飞机库、港口和油库等场所。

（3）干粉灭火器：适用于扑灭可燃固体（如木材、棉麻等）、可燃液体（如石油、油脂等）、可燃气体（如液化气、天然气等）以及带电设备的初起火灾。在一般场所作为机动灵活的消防设备。

5.6.3 处理场地灭火器放置环境与条件的规定

（1）灭火器放置环境温度应与其规定的使用温度范围相符。

灭火器不得受烈日暴晒、接近热源或者受剧烈震动。因为温度过高或剧烈震动会使灭火器内压力剧增而影响安全。对于化学反应式灭火器，温度过高可能导致药粉分解而失效，而气温过低则影响喷射性能。水型灭火器，温度过低还可能导致药剂冻结，失去灭火能力，并可能损坏灭火器筒体。

（2）灭火器应放置在通风、干燥、清洁的地方。灭火器会因受潮或受化学腐蚀的影响而锈蚀，造成开关失灵，喷嘴堵塞，降低灭火器的使用寿命。

（3）灭火器放置地点应明显，距离地面高度为 50cm，便于取用，且不影响安全疏散，推车式灭火器与保护对象之间的通道应保持畅通无阻。

5.6.4　灭火和报警的基本方法

物质燃烧必须同时具备三个必要条件，即可燃物、助燃物和着火源。根据这些基本条件一切灭火措施都是为了破坏已经形成的燃烧条件，或终止燃烧的连锁反应而使火熄灭。

基本方法有：冷却法，如用水扑灭一般固体物质的火灾，通过水吸收大量热量，使燃烧物的温度迅速降低，最后使燃烧终止；窒息法，如用二氧化碳、氮气、水蒸气等降低氧气浓度，使燃烧不能持续；隔离法，如用泡沫灭火剂灭火，泡沫覆盖燃烧体表面，在冷却的同时让火焰和空气隔离开来，达到灭火的目的；化学抑制法，如用干粉灭火剂通过化学作用，破坏燃烧的链式反应，使燃烧终止。

接通“119”火灾报警电话后，报警人要向接警中心讲清失火单位的名称、地址、什么东西着火、火势大小等。同时，报警人要注意听对方提出的问题，以便正确回答；把自己的电话号码和姓名告诉对方，以便联系；打完电话后，立即派人到主要路口迎接消防车；迅速组织人员疏通消防通道，使消防车到达火场后能立即进入最佳位置灭火救援；如果着火地区发生了新的变化，要及时报告消防队，使其能及时改变灭火战术，取得最佳效果。

复习思考题

5-1　单选题

（1）下列不属于工伤事故的预防措施的是（　　）。

A. 临时补救措施　　B. 工程技术措施　　C. 教育措施　　D. 管理措施

（2）以下不属于职业病的预防措施的是（　　）。

A. 建立空气中毒物浓度测定制度

B. 员工加强身体锻炼

C. 合理使用劳动防护用品，尽量减少快递企业常见的职业伤害

D. 增加通风排气设备，将有毒气体及时排出

（3）自行车驮载快件时，快件后端不宜超出车身（　　）。

A. 0. 3m　　B. 0. 5m　　C. 1m　　D. 1. 5m

5-2　判断题

（1）快递从业人员不得私自摘录或向他人泄漏收、寄件人的名址、电话等快件信息。（　　）

（2）为保障快件安全，快件不得交由他人捎带，不得乱扔乱放，不可让他人翻阅。（　　）

（3）在场地内，消防器材及设施须由专人负责，定点放置。（　　）

6 地理与百家姓知识

6.1 中国地理知识

6.1.1 中国地理概况

中国位于赤道以北，亚洲东部，太平洋西岸，它的版图被形象地比作一只头朝东尾朝西的雄鸡。

中国陆地总面积约960万平方千米，在世界各国中，仅次于俄罗斯和加拿大，居第三位，差不多同整个欧洲面积相等，是亚洲面积最大的国家。中国领土东西距离约5200千米，南北距离约5500千米，最东端在黑龙江省的黑龙江和乌苏里江主航道中心线的相交处，最西端在新疆帕米尔高原，最南端在南海南沙群岛的曾母暗沙，最北端在黑龙江省漠河以北的黑龙江主航道中心线上。

中国的大陆海岸线全长18000多千米，北起中朝边界的鸭绿江口，南到中越边界的北仑河口，沿海有许多优良港湾。我国所濒临的海洋，从北到南依次为渤海、黄海、东海和南海。

与中国陆地相邻的国家有14个，东邻朝鲜，西邻阿富汗、巴基斯坦，南邻缅甸、老挝、越南，北邻俄罗斯、蒙古，西北邻哈萨克斯坦、吉尔吉斯斯坦、塔吉克斯坦，西南邻印度、不丹、尼泊尔。同中国隔海相望的国家有6个，东面是韩国、日本，南面是马来西亚、文莱、印度尼西亚，东南面是菲律宾。

6.1.2 中国的区域划分及主要城市

6.1.2.1 中国现行的行政区域划分

行政区域划分是一个国家为了进行分级管理而实行的国土和政治、行政权力的划分。具体地说，就是国家根据政治和行政管理的需要，根据有关法律规定，充分考虑经济联系、地理条件、地区差异、民族分布、风俗习惯等客观因素，将全国的地域划分为若干层次大小不同的行政区域，设置相应的地方国家机关，实施行政管理。行政区域划分以国家或次级地方在特定的区域内建立一定形式、具有层次唯一性的政权机关为标志。

根据《中华人民共和国宪法》规定，我国的行政区域划分如下：

(1) 全国分为省、自治区、直辖市和特别行政区。

(2) 省、自治区分为自治州、县、自治县、市。

(3) 县、自治县分为乡、民族乡、镇。

直辖市和较大的市分为区、县。自治州分为县、自治县、市。

自治区、自治州、自治县都是民族自治地方。

特别行政区是根据《中华人民共和国香港特别行政区基本法》和《中华人民共和国

澳门特别行政区基本法》设立的香港和澳门两个特别行政区。

目前中国有34个省级行政区，即23个省、4个直辖市、5个自治区和2个特别行政区。

6.1.2.2　中国七大地理区划分

中华人民共和国成立后，为了适应革命和建设的需要，中央对中华人民共和国成立前的省行政区划进行了大幅度的改革和调整，其中尤为重要的是建国初期六大行政区的设置，即东北、华北、西北、华东、中南和西南六个大区，其中中南区又被分为华南地区和华中地区。

大区是省级以上的行政区划单位，一方面代表中央人民政府领导区内各省、自治区、直辖市人民政府，是中央人民政府的派出机关，另一方面也是地方政权的最高机构，是一级地方政府。大区一级政府已经于1954年被撤销，但这一说法一直沿用至今。

（1）华北地区：北京、天津、河北、山西、内蒙古。

（2）华东地区：上海、江苏、浙江、安徽、福建、江西、山东、台湾。

（3）华南地区：广东、广西、海南、香港特别行政区、澳门特别行政区。

（4）华中地区：河南、湖北、湖南。

（5）东北地区：黑龙江、吉林、辽宁。

（6）西北地区：陕西、甘肃、宁夏、青海、新疆。

（7）西南地区：重庆、四川、云南、贵州、西藏。

6.1.2.3　主要经济发展区划分

长江三角洲（简称长三角）、珠江三角洲（简称珠三角）和环渤海地区是目前我国三大主要的经济发展区域。

长三角包括上海市、江苏省和浙江省。它紧临东海，是长江和钱塘江在入海处冲积成的三角洲，长江三角洲城市群是我国城市化程度最高、城镇分布最密集、经济发展水平最高的地区。

珠三角，位于广东省东部沿海，是西江、北江共同冲积成的大三角洲与东江冲积成的小三角洲的总称，包括广州、深圳、珠海、佛山、东莞、江门、中山、惠州市区、博罗县、惠东县、肇庆市区、四会市和高要市。水陆交通发达，与海外联系便捷，是内地沿海南部通向世界的重要门户地区。近些年来又提出了“泛珠三角”的概念，其中包括广东、福建、湖南、江西、广西、四川、海南、云南、贵州九个省区和香港、澳门两个特别行政区，简称为“9+2”。这说明了珠三角的速崛起以及有着巨大的拓展空间，并且有望成为世界瞩目的特大经济区。

环渤海地区是指环绕着渤海全部及黄海的部分沿岸地区所形成的经济区域，位于中国沿海太平洋西岸的北部，在中国对外开放的沿海发展战略中，占有重要地位。环渤海地区包括北京、天津两大直辖市以及辽宁、河北、山东、山西和内蒙古中部地区，共五省（区）二市。国家有关部门正式确立了“环渤海经济区”的概念，并对其进行了单独的区域规划。环渤海地区是中国交通网络最为密集的区域之一，是我国航空、海运、公路、铁路、通信网络的枢纽地带，是沟通东北、华北、西北经济和进入国际市场的重要集散地。

6.2 中国的交通运输

目前我国快递运输采取航空、陆路（包括铁路和公路）和水路几种运输方式，其中主要以航空和陆路运输为主，水路运输使用相对较少。

6.2.1 航空运输

改革开放以来，我国的民用航空事业发展迅速。航线安排以大城市为中心，在大城市之间建立干线航线，同时辅以支线航线，由大城市辐射至周围小城市。航线按起止点的归属不同分为国际航线和国内航线。国内航线又可分为干线航线和支线航线。干线航线是指连接北京和各省会、直辖市或自治区首府或各省、自治区所属城市之间的航线，如北京—上海航线、上海—南京航线等。支线航线则是指一个省或自治区之内的各城市之间的航线。2007 年我国国内航线达到 1216 条（至香港、澳门 48 条），通航全国 146 个城市，已形成以北京为中心，以上海、天津、重庆、西安、广州等城市为起点的主要航空线，联系各省、自治区、直辖市的国内航空运输网。

目前我国有中国国际航空股份有限公司、中国南方航空股份有限公司和中国东方航空公司等主要航空公司，见表 6-1。近些年来民营航空公司发展迅速，已有以春秋航空公司、奥凯航空公司、吉祥航空公司为代表的七家民营航空公司。有的快递企业具备自有飞机，大部分快递企业则依托航空公司进行快件的运输，主要采取班机运输、包机运输和集中托运。

表 6-1 主要航空公司表

AIR CHINA 中国国际航空公司	CA	中国国际航空公司
中国南方航空 CHINA SOUTHERN	CZ	中国南方航空公司
中國東方航空 CHINA EASTERN	MU	中国东方航空公司
四川航空 SICHUAN AIRLINES	3U	四川航空公司
厦门航空 XIAMENAIR	MF	厦门航空有限公司
深圳航空 Shenzhen Airlines	ZH	深圳航空公司
海南航空 Hainan Airlines	HU	海南航空公司

6.2.2　公路运输

公路运输是快递运输必不可少的方式，可以“从门口到门口”将快件直接送到家庭、单位、企业等，并且可以通达乡村，甚至是边远地区。

我国的公路按照技术指标要求可分为高速公路、一级公路、二级公路、三级公路、四级公路和等外公路六级；按照在公路网中的地位和作用可分为国道、省道、县道、乡道和村道五级，其中国道是全国公路网的骨干道路，起到联系其他各级道路的重要作用；按照公路路面类型可分为铺装路面、简易铺装路面和未铺装路面。

目前我国的公路已遍布全国各地，截至 2011 年底，全国公路总里程达 410. 64 万公里，公路密度为 42. 77 千米/百平方千米。全国等级公路里程 345. 36 万千米，等级公路占公路总里程的 84. 1%。其中，二级及以上公路里程 47. 36 万千米，占公路总里程的 11. 5%。各行政等级公路里程分别为：国道 16. 94 万千米、省道 30. 40 万千米、县道 53. 36 万千米、乡道 106. 6 万千米、专用公路 6. 90 万千米、村道 196. 44 万千米。全国高速公路达 8. 49 万千米，其中国家高速公路 6. 36 万千米。

6. 2. 2. 1　国家高速公路路线

国家高速公路网采用放射线与纵横网格相结合布局方案，由 7 条首都放射线、9 条南北纵线和 18 条东西横线组成，简称为“7918”网，总规模约 8. 5 万千米，其中主线 6. 8 万千米，地区环线、联络线等其他路线约 1. 7 万千米。具体路线如下。

（1）首都放射线。共 7 条，分别是北京—上海、北京—台北、北京—港澳、北京—昆明、北京—拉萨、北京—乌鲁木齐、北京—哈尔滨。

（2）南北纵线。共 9 条，分别是鹤岗—大连、沈阳—海口、长春—深圳、济南—广州、大庆—广州、二连浩特—广州、包头—茂名、兰州—海口、重庆—昆明。

（3）东西横线。共 18 条，分别是绥芬河—满洲里、珲春—乌兰浩特、丹东—锡林浩特、荣成—乌海、青岛—银川、青岛—兰州、连云港—霍尔果斯、南京—洛阳、上海—西安、上海—成都、上海—重庆、杭州—瑞丽、上海—昆明、福州—银川、泉州—南宁、厦门—成都、汕头—昆明、广州—昆明。

此外，国家高速公路网还包括辽中环线、成渝环线、珠三角环线、杭州湾环线共 5 条地区环线、2 段并行线和 37 段联络线。

6. 2. 2. 2　国道主干线——五纵七横

历时近 15 年，总规模约 3. 5 万千米的“五纵七横”国道主干线于 2007 年年底基本贯通，见表 6-2。国道主干线由 5 条纵线和 7 条横线组成，这 12 条主干线全部都是二级以上的高等级公路，其中高速公路约占总里程的 76%，一级公路约占总里程的 4. 5%，二级公路占总里程 19. 5%。主干线连接了首都、各省（自治区）省会（首府）、直辖市、经济特区、主要交通枢纽和重要对外开放口岸，覆盖了全国所有人口在 100 万以上的特大城市和 93%的人口在 50 万以上的大城市，是具有全国性政治、经济、国防意义的重要干线公路。

表 6-2　国道"五纵七横"主干线

五　纵	七　横
同江—三亚	绥芬河—满洲里
北京—福州	丹东—拉萨
北京—珠海	青岛—银川
二连浩特—河口	连云港—霍尔果斯
重庆—湛江	上海—成都
	上海—瑞丽
	衡阳—昆明

我国国家公路干线的编号是以 1、2、3 为字头的，1 字头表示是以北京为起点的放射线状干线公路，2 字头是南北纵向干线公路，3 字头是东西横向干线公路。我国 1 字头的干线公路共有 12 条，如 G101 指的是京沈线，由北京发出，路经承德，到达沈阳。2 字头的干线公路共有 28 条，如 G212 是兰渝线，由兰州发出，路经广元最后到达重庆。3 字头的干线公路共有 30 条，如 G308 是青石线，从青岛出发，路经潍坊、济南最后到达石家庄。

6.2.3　铁路运输

铁路运输是快递运输的方式之一。铁路网是由相互连接的铁路干线、支线、联络线和铁路枢纽构成的铁路网系统。目前我国铁路已基本形成以北京为中心，以四纵、三横、三网和关内外三线为骨架，可通达全国省市区的铁路网。这里的四纵是指京广线、京九线、京沪线、北同蒲—太焦—焦柳线；三横是指京秦—京包—包兰—兰青—青藏线、陇海—兰新线、沪杭—浙赣—湘黔—贵昆线；三网指的是东北铁路网、西南铁路网和台湾铁路网；关内外三线是京哈线、京通线和京承—锦承线。

铁路枢纽是在两条或两条以上的铁路线交汇处，由若干个车站、线路及一系列设备组成的运输生产整体，任务是办理各线之间大量客货列车的解体、编组、转线等业务。我国铁路枢纽众多，比较大的有 40 多个，其中重要的有北京、广州、上海、徐州、哈尔滨、贵阳、重庆、昆明、西安、乌鲁木齐、呼和浩特等 20 个。

目前，中国是世界上高速铁路发展最快、系统技术最全、集成能力最强、运营里程最长、运营速度最高、在建规模最大的国家。截至 2010 年 7 月，我国投入运营的高速铁路已达到 6920 营业千米，其中，新建时速 250~350 千米的高速铁路有 4044 营业千米，达到时速 200~250 千米的高速铁路有 2876 营业千米。我国高速铁路运营里程居世界第一位，正在建设中的高速铁路有 1 万多千米。

6.2.4　水路运输

我国的水上运输有着悠久的历史，水上运输条件十分优越，是大宗货物的主要运输方式，但由于受自然条件的限制，而且速度慢、连续性较差，因此快递运输中采用水路运输方式较少。

6.3　世界地理知识

6.3.1　地球概貌

地球表面大部分是海洋，陆地只占一小部分。地球表面总面积约 5.1 亿平方千米，其中陆地面积约 1.49 亿平方千米，占地表总面积的 29.2%，海洋面积约 3.61 亿平方千米，占总面积的 70.8%。

地球表面的海洋是相互沟通的，形成了统一的世界大洋。根据海陆分布形势，世界海洋可分为四部分，即我们通常所说的四大洋，按面积大小依次为：太平洋、大西洋、印度洋、北冰洋。

地球表面的陆地被海洋分隔成大小不等的许多块，我们通常把海洋所包围的大面积陆地称为大陆，小块陆地称为岛屿。大陆及其附近的岛屿合称为洲。地球上有七大洲，按面积大小依次为：亚洲、非洲、北美洲、南美洲、南极洲、欧洲和大洋洲。

6.3.2　世界区域划分

亚洲是世界第一大洲，位于东半球的东北部，按地理方位分为东亚、东南亚、南亚、西亚、中亚和北亚。主要国家有中国、日本、韩国、印度、柬埔寨、伊朗、哈萨克斯坦等。

非洲作为世界第二大洲，位于亚洲的西南，按地理方位分为北非、西非、中非、东非和南非。主要国家有埃及、肯尼亚、南非、尼日利亚等。

北美洲位于西半球北部，是世界第三大洲，主要国家有加拿大、美国、墨西哥、巴拿马。

欧洲位于亚洲西面，按地理方位分为东欧、西欧、南欧、北欧和中欧。主要国家有俄罗斯、英国、法国、荷兰、意大利、德国、芬兰、西班牙、瑞典等。

南美洲位于西半球南部，主要国家有巴西、阿根廷、智利、乌拉圭等。

大洋洲介于亚洲和南极洲之间，主要国家有澳大利亚、新西兰、汤加、斐济等。

6.3.3　时区

地球自西向东自转，东边总比西边先看到太阳，东边的时间也总比西边的早。根据当地的正午，也就是当天太阳位置最高时来决定的时间只能适用于当地，并不适用其他国家，这就造成了种种不便。为了克服时间上的混乱，1884 年在华盛顿召开的国际经度会议上规定将地球表面按经线平均划分为 24 个时区，每个时区跨经度为 15°，时间正好是 1h。世界时区划分以经过英国伦敦格林尼治天文台的经线即 0°经线为标准，首先分别向东、西方向各跨 7.5°，也就是西经 7.5°到东经 7.5°这一时区是中时区（零时区），然后中时区以东是东 1～12 区，以西是西 1～12 区。每个时区的中央经线上的时间就是这个时区内统一采用的时间，称为区时。例如，我国在东 8 区，时间就比在东 7 区的泰国的时间早 1h，而比在东 9 区的日本的时间晚 1h。因此，向西走，每过一个时区，就要把表拨慢 1h；向东走，每过一个时区，就要把表拨快 1h。我国把首都北京所在的东 8 区的时间作为全国统一的时间，称为北京时间。

6.3.4 我国的国际运输

我国的国际运输是我国运输业的重要组成部分，是加强我国与其他国家联系，增强友好关系、实现共同发展的重要领域，在对外开放中发挥着重要作用。随着快递服务的迅速发展，来于国际间的快件不断增多，国际运输成为实现其快速发展的必要手段。

我国的国际航线和国际航空业务发展迅速，航空班机已飞往五大洲的40多个国家和地区，与180多个外国航空公司建立了业务联系。国际航线主要是从北京、上海、广州等地发出，北京至伦敦、纽约、悉尼、东京等地的国际航线。

目前，我国已与俄罗斯、蒙古、哈萨克斯坦、尼泊尔、缅甸、老挝、越南、柬埔寨和泰国等14个国家和地区签署了政府间汽车运输协定。20国与周边国家和地区商定开通了242条国际道路运输线路，已开通的国际道路客货运输线路共有201条，其中客运线路100条，货运线路101条。如今我国与地域相邻的俄罗斯、中亚各国和地区等均有铁路相通。

我国已开辟了30多条远洋运输航线，同世界150多个国家和地区的重要港口有航运联系。远洋航线以上海、大连、秦皇岛、天津、青岛、广州、宁波等沿海开放港口城市为出口岸，分为东行、西行、南行和北行航线。东行航线东至日本、横渡太平洋到达美洲各国港口，西行航线可达东南亚、南亚、西亚、非洲和欧洲各港口，南行航线到达东南亚和大洋洲各港口，北行航线到达朝鲜、韩国和俄罗斯远东沿海港口。

6.4 百家姓知识

“姓氏”在现代汉语中是一个词，但在秦汉以前，姓和氏有明显的区别。先有姓后有氏。姓源于母系社会，同一个姓表示同一个母系的血缘关系。中国最早的姓，如姜、姚、姒、妫、嬴等，大都是“女”字旁的。而氏是以父系来标识血缘关系，是在父权家长制确立后才出现的。

提起中国姓氏，人们最熟悉的自然是《百家姓》，它与《三字经》、《千字文》并称“三百千”，中国古代幼儿的启蒙读物。根据明清朝代有文字记载的学者的研究，《百家姓》早在宋朝以前就存在。在宋朝初期由一位地处吴、越地区（现今浙江省杭州市）不知名的儒家学者将其编辑、装订成册。据南宋学者王明清考证，该书前几个姓氏的排列是有讲究的：赵是指赵宋，既然是国君的姓理应为首；其次是钱姓，钱是五代十国中吴越国王的姓氏；孙为当时国王钱俶的正妃之姓；李为南唐国王李氏。

《百家姓》将常见的姓氏编成四字一句的韵文，像一首四言诗，便于诵读和记忆，因此，流传至今，影响极深。

姓氏同快递服务业务，特别是收寄派送业务联系紧密。快递业务员，尤其是负责派送的快递业务员熟悉并牢牢记住客户姓氏，有利于提高派送快件的速度和质量。

复习思考题

6-1　单选题

(1) 中国的大陆面积有（　　）万平方千米。

A. 920　　B. 940　　C. 960　　D. 980

(2) 在世界地理中，地球表面总面积约（　　）亿平方千米。

A. 5　　B. 5.1　　C. 5.6　　D. 6

6-2　判断题

(1) 中国陆地面积在世界各国中排名第二，仅次于俄罗斯。（　　）

(2) 在世界海洋中，北冰洋不属于四大洋之中。（　　）

(3) 地球上有七大洲，其中大洋洲并不在七大洲之列。（　　）

7 条码知识

7.1 条形码技术概述

7.1.1 条形码技术的定义

条形码（又称条码）是将线条与空白按照一定的编码规则组合起来的符号，用以代表一定的字母、数字等资料。条形码系统是由条形码符号设计、制作及扫描阅读组成的自动识别系统。世界上最早的条形码是20世纪20年代开始发明的，我国从80年代中期开始研制并使用条形码。目前，条形码已广泛应用于国民经济各个领域。

7.1.2 条形码技术的特点

（1）输入速度快。资料显示，如果键盘输入，一个每分钟打90个字的打字员输入12个字符或字符串需要1.6s，而使用条形码，做同样的工作只需0.3s，速度提高了5倍，而且条形码可以实现“即时数据输入”。

（2）准确度高。键盘输入数据出错率为三百分之一，利用光学字符识别技术出错率为万分之一，而采用条形码技术误码率低于百万分之一。

（3）成本低。条形码标签易于制作，对印刷技术设备和材料没有特殊要求，识别设备操作容易，不需要特殊培训，且设备也相对便宜。与其他自动化识别技术相比较，应用条形码技术所需费用比较低。

（4）可靠性强。条形码技术可靠准确。条形码识别装置与条形码标签相对位置的自由度要比光学字符识别（Optical Character Recognition，OCR）大得多。而且常用的一维条形码上所表示的信息完全相同并且连续，这样即使是标签有部分缺欠，仍可以从正常部分输入正确的信息。

（5）灵活实用。条形码符号作为一种识别手段可以单独使用，也可以和有关设备组成识别系统实现自动化识别，还可和其他控制设备联系起来实现整个系统的自动化管理。同时，在没有自动识别设备时，也可实现手工键盘输入。

7.1.3 条形码阅读设备和分类

（1）在线式阅读器。在线式阅读器按其功能和用途，又可分为多功能阅读器和各类在线式专用阅读器。多功能阅读器除具有识别多种常用码制的功能外，根据不同需要还可增加编程功能、可显示功能以及多机联网通信功能等。

（2）便携式阅读器。主要有笔式扫描器、CCD式扫描器和激光扫描器三种。

笔式扫描器，俗称光笔，是一种外形像笔的扫描器，使用时移动光笔去扫描物体上的条形码。光笔的价格比较便宜，但扫描的长度稍受限制，大约在32个字符左右，较适合一般小商店及个人使用。

CCD 扫描器采用发光二极体的泛光源照明整个条形码，再透过平面镜与光栅将条形码符号映射到由光电二极体组成的探测器阵列上，经探测器完成光电转换，再由电路系统对探测器阵列中的每一光电二极体依次采集信号，辨识出条形码符号，完成扫描。CCD 扫描器的优点是操作方便，不直接接触条形码也可辨读，性能较可靠，寿命较长。图 7-1 所示为手持式 CCD 扫描器。

激光手持式条形码扫描器是利用激光二极管作为光源的单线式扫描器，它主要有转镜式和颤镜式两种。激光平台式扫描器是一种体积较大、价格较高的扫描系统，使用时以物就机，即机器固定，以物品的移动来扫描解码，适用于输送带或一般大型超市，如图 7-2 所示。

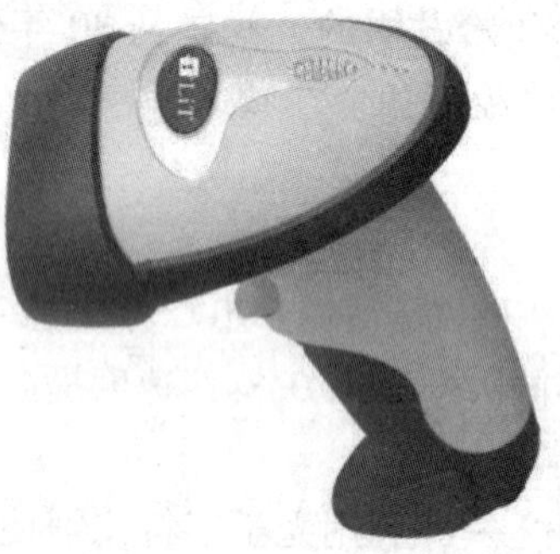

图 7-1　手持式扫描器

图 7-2　平台式激光扫描器

7.2　条形码种类

从维度看，条形码主要可分为一维条形码和二维条形码两种，不同维度的条形码又可细分为多种码制。例如，一维条形码主要有 UPC 码、EAN 码、39 码、128 码、库德巴码等；二维条形码主要有 PDF417、MaxiCode、DataMatrix 等。

一维条形码自问世以来，不久便得到普及使用，目前它仍是我国经济社会最为广泛应用的码制。但是由于一维条形码的信息容量很小，其应用范围受到一定的限制。随着技术的发展，人们在一维条形码的基础上又发明了二维条形码。与一维条形码相比，二维条形码具有信息密度高、容量大，编码范围广，保密、防伪性能好，译码可靠性高，纠错能力强等优点，更能满足人们在某些领域的高使用要求。但是相应的，其成本也远远高于一维条形码。

目前，国内快递服务使用的条形码多为一维的 39 码、128 码，也有部分企业开始使用二维码。因此，在这里主要介绍这三种码制。

7.2.1　39 码

39 码于 1974 年由 Intermec 公司推出，是一种可供使用者双向扫描的分散式条形码。它的最大优点是条形码长度没有限制，可以根据需求做相应调整。条形码能用大小写英文字母、数字和其他一些符号表示，通常以“ * ”作为起始码和终止码。由于 39 码具有检查能力，可以不设校验码。基于这些特点，39 码的应用比一般一维条形码广泛，目前主要利用于工业产品、商业资料及票证的自动化管理。

7.2.2 128 码

128 码于 1981 年推出，是一种长度可变、连续性的字母数字条形码。与其他一维条形码相比，128 码比较复杂，数字、字母和符号可以交互运用，编码方式灵活，应用弹性也较大。

128 码的结构大致可分为起始码、资料码、终止码、校验码等四部分，其中校验码是可有可无的。128 码有 A、B、C 三种类型，可提供标准 ASCII（美国信息互换标准代码）中 128 个字符的编码使用。主要用于工业、仓库和零售业，如图 7-3 所示。

7.2.3 PDF417 码

PDF417 码是美国符号科技公司（Symbol Technologies，Inc.）发明的二维条形码，由于其不仅具有错误侦测能力，而且能从受损的条形码中读回完整的资料，所以错误复原能力非常强，错误复原率最高可达 50%，PDF417 条码具有成本低、信息可随载体移动，不依赖于数据库和计算机网络、保密防伪性能强等优点。目前主要应用于运输包裹与商品资料标签，如图 7-4 所示。

图 7-3 128 码的结构

图 7-4 PDF417 码的结构

复习思考题

7-1 单选题

不属于条形码技术特点的是（ ）。

A. 输入速度快 B. 准确度高 C. 成本比较高 D. 可靠性强

8　操作术语的解析

8.1　操作单位术语

（1）直辖分部：在尚未单独成立区部省份的省会城市设立，由大区负责牵头筹建，具备业务区部相同的职能；承担其所在省份整体网络规划和布局，其省内所有分点（部）、中转场和航空组归属于其管辖的分部称为直辖分部。

（2）独立分部：在区部所在城市以外的地级城市设立，独立承担客服、中转、航空以及对外关系协调职能的分部。

（3）非独立分部：除直辖分部和独立分部以外的分部。

（4）管理型分部：只有管理职能，而没有直接参与收派件业务的分部。

（5）业务型分部：直接参与收派件业务的分部。

（6）独立点部：位于其所属分部所在城市以外地区的点部，独立承担客服、中转、航空、输单等内部管理职能；协助分部，负责所在城市其他地区规划、布局和管理。

（7）非独立点（部）：独立点（部）以外的点（部）。

（8）报关组：负责向海关申报公司进出口快件的部门。

（9）审单组：负责审核快件单据的部门。

（10）航空组：负责向航空公司提发货的部门。

（11）中转场：负责快件中转操作的场地。

8.2　操作岗位术语

（1）收派员：负责收、派快件的员工。

（2）仓管员：负责分部整理收、派件入库手续（包括核查货物件数、包交接登记工作等）的员工。

（3）网络车司机：负责大货收送及快件中转运输的员工。

（4）操作员：负责快件中转时分拣及交接的员工。

（5）理货员：快件中转时，对快件进行装卸及跟随中转车辆，到一、二级中转场，进行快件分拨的工作人员。

（6）接单员：负责接听、记录客户及下单内容，并将客户订单下发给负责寄件客户所在区域收件业务的发派员的员工。

（7）查单员：负责处理内部查询、客户咨询及客户投诉的员工。

（8）输单员：负责运单资料输入、审核的员工。

8.3　快件的类型术语解析

（1）代签回单：收派员将带有回单业务的快件派送给客户时，除了需要将正常的“收件公司存根”联交给收件客户签收外，还需要将回单交给快递公司。回单运单备注栏内指定的客户签收或盖章，并将客户随货的回单返还给寄件客户的服务项目。

（2）快件箱业务：为寄递高价值快件的客户提供的一种个性化服务，使用专用快件箱进行收寄，单票货物价值不得高于10000元，运费为普通快件运费的3倍。

（3）即日达：当天收取并在当天派送到客户手上的业务类型。

（4）次日达：当天收取的快件，不能在当天派送到客户手上，需加次日才能派送到客户手上的业务类型。

（5）次晨达：翌日件的一种，当天收的快件在次日10：30前送达客户手上的业务类型。

（6）门到港：货物从委托人手中取回，发到目的地航空、铁路、公路港口，由收货人到港口自提的业务。

（7）进港：货物由外部区域发到本公司。

（8）出港：货物由本公司发往外部区域。

（9）小件：指货物在10kg以内，三边之和（长+宽+高）不超过100cm的业务，在最短时间内送达。

（10）当日递：当日12：00前接收到的货物于当日24：00前送达的业务。此业务主要应用于同城区域次日递，当日17：00前接收货物于次日12：00或17：00前送达的业务。

（11）隔日递：当日17：00前接收货物、于隔日24：00前送达的业务。

（12）2D12：当天17：00前接收的货物、次日12：00前送达的业务。

（13）2D17：当天17：00前接收的货物、次日17：00前送达的业务。

（14）代收货款：是接受寄件人委托，派送货物的同时向收货人收取货款并返还寄件人的业务。

（15）异地调货：快递公司可以为客户提供当地委托，从第二地提货准时派送到第三地的服务。

（16）保险业务：快递公司可以为广大客户提供针对文件、包裹货物、私人物品、高值物品在内的各种专项保险服务。

（17）自取件：指快件到达目的地后，无须收派员上门派送，由收方客户自行前往公司或约定地点提取的快件。

（18）陆运件：全程经陆路运输的快件。

（19）私人信函：是指除各类文件、通知以及非私人属性的单据、证件、有价证券、书稿、印刷品等以外的书信。

（20）等通知派送：是指寄件客户在寄件时，向快递公司收派员明确快件到达派件分点部后，暂时做滞留件处理，待其向收件地区的客服部传真指定的派送通知函后，快递公司安排收派员第一时间进行派件的一项快件服务。

（21）非出口：不需要进行报关的快件。

（22）出口件：需要进行报关的快件。

（23）省外件：属于异地件，原寄地和目的地不在同一个省。

（24）省内件：属于异地件，原寄地和目的地在同一个省，但不属同一个业务区的快件。

（25）同城件：原寄地和目的地代码前三位相同的快件。

（26）市区件：同城件的一种，同一城市中按照行政划分属于市中心区域的收派快件，根据原寄地和目的地网络代码确定。

（27）郊区件：同城件的一种，同一城市中按照行政划分属于市郊区的收派快件，根据原寄地和目的地代码确定，包含市区和郊区互寄以及郊区内收派的快件。

（28）区内件：原寄地和目的地在同一个业务区，但原寄地和目的地代码前三位不一致的快件。

（29）航空件：国内所有经过航空运输的快件。

8.4　快件操作与处理的术语解析

（1）下单：客户通过电话、传真、互联网络等传输媒界，将寄件的相关信息传递到公司受理系统或部门的过程。

（2）接单：通过接听客户的下单电话，了解必要的寄件信息，并将相关信息下发给负责寄件客户所在区域收件业务的收派员的过程；或接收客户通过互联网、传真等各种传输媒界传递到公司的订单信息，并将相关信息下发给负责寄件客户所在区域收件业务的收派员的过程。

（3）收件：收派员接收到接单员下发的客户寄件的信息后，至客户处收取快件，并在规定时间内，将快件统一带回分点部或公司规定的接驳点的过程。

（4）二程接驳：将离分点部较远的区域，按收派员数量及其收派件的数量，划分为若干个小片区，并在合适地点设定停靠点，由分点部派出车辆，定时在停靠点与分点部之间穿行，接送小片区覆盖的收派员所收取和需要派送的快件。

（5）收件入仓：指收派员在规定时间内，将某一时间段收取的快件，统一带回分点部或二程接驳点，与仓管员进行单据、快件交接的过程。

（6）分件：指将快件按照不同的标准分类、码放、集装，以便于后续操作。

（7）发件：对于已经分拣好的、需要发出的快件，进行把枪扫描、装车、封车、登记等操作，将快件从本地区（包括分点部、中转场）发出的过程。

（8）接驳：在一个完整的快件流转过程中，当发生快件在两个交通工具之间的转移时，这个节点的操作就称为接驳。

（9）中转：指各区、分点部将某一时间段内所收的快件，在某一时间统一集中到一个固定地点，进行分拣交接的过程。

（10）二级支线：属于同一地级市范围内，点部与分部或点部与点部之间的中转运输线路，称为二级支线。在网络中，支线数量最多、分布最广、长度较短。它的作用是起到集中和分散较长或数量较大的运输任务。

（11）一级支线：属于同一地级市范围内，地区内分部与区内中转场或分部与分部之间的中转运输线路，称为一级支线。

（12）二级干线：指跨越同一个省内两个或两个以上地级城市的运输线路。

（13）一级干线：又称省级干线，是指跨越两个或者两个以上的省份的中转运输线路。一级干线运输具有分布较广、距离较长、设备条件较好、通过能力较大的特点。

（14）对开：是一种高效的利用公路运输的快件流转方式，参加中转的单位不经过任何中间节点，将快件由始发地直接送达快件目的地的一种中转模式。

（15）一级中转：也称为区间中转，即参与中转的区部至少为 2 个或 2 个以上进行的中转。

（16）二级中转：也称为区内中转，主要是针对区内快件的中转，即所有参与中转的操作单位属于同一区部。

（17）三级中转：也称为同城中转，主要是针对区内或分部内同城快件的中转，即所有参与中转的操作单位均来自同一城市。

（18）报关：指公司将需要进、出口的快件，按海关的要求向其申报的过程。

（19）清关：指海关对进、出口货物进行查验的过程。

（20）扣关：指海关对不符合进出口要求的货物作扣留处理，不能正常清关。

（21）航空发货：航空组按快件目的地，对快件进行分类、码放、集装后，委托航空公司或航空货代，将快件配载上航班，发往目的地机场，并对相关航班信息传递及处理的过程。

（22）航空提货：快件通过航空运输至目的地机场后，航空组根据相关的提货信息，按照规定的提货流程，从机场提货处或货代处，提取到港的航空快件，并对相关的提货信息进行处理的过程。

（23）航班落货：指货物没有搭载上计划航班的现象。

（24）班期：指航班出发的日期，例如："11"表示周一至周日都有航班发出，"146"表示只有周一、周四、周六有航班发出。

（25）到件：指快件由其他区（包括各分点部、中转场）到达本地区（包括各分点部、中转场）后，进行解封、卸车、把枪扫描等操作过程。

（26）派件出仓：到件分拣完毕后，由仓管员与收派员进行快件交接的操作过程。

（27）派件：收派员与仓管员交接完毕后，根据运单上的派件要求，在规定时间内，将快件送达指定地点，交付给指定收件人，并由收件人在"收件公司存根"联上签字确认的操作过程。

（28）转寄：快件到达目的地后，因客户要求或公司原因，导致需更改派送到址的现象，称为转寄。

（29）输单：输单员按照运单上填写的内容，将运单信息在规定的时间内如实准确地录入计算机业务系统，并对相关资料进行审核及传送的过程。

（30）服务范围：指各区、分点部的收派服务所覆盖的地理区域，或者可收送的部门、单位所在的地区。

（31）超出服务范围：寄件地址或是收件地址不在收派服务的地理区域内。

（32）分错件：原本应该属于该区的快件，在中转时，把它错分给其他地区，或分点部分拣快件时将快件错分给其他区域的收派员。

（33）贴错单：指运单没有粘贴在与其相对应的快件上，造成货物与运单不相符。

（34）写错代码：指写错运单目的地代码或错标唛头笔代码。

（35）多件：中转或派件时，发现无任何标示的快件，或不属于本区、分点部的快件。

（36）少件：某票快件全部或部分缺失（此情况也包括一票多件）。

（37）有单无货：指有运单资料，却没有相应的货物。

（38）有货无单：指有快件，却没有相应的快件运单资料。

（39）退回件：指因某些原因而退回原寄地或寄件客户的快件。

（40）滞留件：由于各种原因，导致快件未能按照正常的路由进入下一环节而滞留在仓库或者中转场的快件。

（41）问题件：不符合公司操作要求，或因客户原因，导致快件无法中转或者正常派送的快件。

（42）子母件：指当一票运单有多件货物时，在其中的一件货物上贴上主运单，称之为母件；其余的货物上均贴上子件运单，称之为子件。合称此类快件为子母件。

（43）寄付：运费由寄件方客户支付的一种付款方式。

（44）到付：运费由派件方客户支付的一种付款方式。

（45）转第三方付：运费转由寄件方客户及派件方客户以外的第三方支付的一种付款方式。

（46）月结客户：指与公司签署月结协议，将协议规定的结算周期内的运费，统一在协议规定的时间支付的一种客户类型。

（47）散单客户：月结客户以外的客户。

（48）手持终端：是使收派员能够实现及时采集数据并传输至服务器的一种高科技便携设备。

（49）地区代码：用于区别各地区的三位数编码，一般以各地区电话区号的后三位表示，是内部分拣快件以及信息系统计算机操作的需要。

（50）9S 要求：整理、整顿、清扫、清洁、修养、坚持、习惯、节约、安全。

8.5　快件处理常见术语

（1）接收：是指处理中心验视进站总包快件装载车辆的封志，检查总包快件规格，复核交接总包数量，并办理签收手续的处理过程。

（2）分拣：是指按快件运单书写的寄达地址，将相关的快件分别汇集分到规定格口内的处理过程。

（3）封发：是指将分拣后的快件封装成快件总包，并装载发运的处理过程。

（4）装运：是指将封装后的总包按规定装码在运输设备和工具中的过程。

（5）进站：是指其他分拣中心发出的总包快件进入某一分拣中心并被接收的过程。

（6）出站：是指某分拣中心将封往其他分拣中心的总包快件发运出去的过程。

（7）中转：是指快件的运输线路不能直接到达目的地，需通过中转环节再次处理后转发至目的地的过程。

（8）直封：是指快件无须中转，直接封成总包发往目的地的过程。

（9）频次：是指在规定时间内快件交接、封发的次数。处理环节的频次可分为交接频次和封发频次。

（10）交接频次：是指每天交接快件的次数。

（11）封发频次：是指在快件封发作业环节，对同一寄达地点每日封发的次数。

（12）处理时限：是指在快件处理作业环节，从快件进站、经分拣封发到快件出站整个作业过程中不得超过的最大时间限度。

（13）快件处理设备：是指快件处理过程中使用的设施、设备，可分为搬运设备、分拣设备、条码设备等。

（14）用品用具：是指快件处理过程中使用的用品工具，可分为盛装容器、计量器具、业务用品，如总包空袋、总包包牌、封志、业务单册等。

（15）搬运设备：是指用于装载和运送快件所使用的带式输送机、辊式输送机、托盘车、弹簧车、手推车、轮式集装笼（箱）等。

（16）分拣设备：是指用于快件分拣所使用的自动分拣机、半自动分拣机、拣选机、手工分拣格口架等。

（17）条码设备：是指用于快件处理过程中，扫描条码所使用的条码信息采集器（阅读器）、激光自动扫描器、手持条码扫描器等。扫描器有固定式、有线移动式和无线移动式三种。

复习思考题

8-1　解释以下名词的定义。

（1）中转。（2）派件。（3）封发。（4）接收。

下篇

实操部分

9 快件揽收

9.1 快件业务流程和收寄流程

快件业务是针对小体积高价值物品的速递服务，其服务对象既有生产类客户，也有消费类客户，因此，快递产业属于生产性服务与消费性服务相兼得的现代服务业。各个快递公司在快件服务的质量和时间上可能会存在一定的差别，但大致流程基本上是一致的。

9.1.1 快件业务流程

快件业务流程可大致分为一般快件业务流程和国际快件业务流程两类。

9.1.1.1 一般快件业务流程

（1）客户服务中心根据客户的下单，安排业务员收取快件或通过前台收取快件。

（2）经营业网点汇总、整合后快件运送至转运中心。

（3）转运中心在完成规定的程序（如称重扫描、分类以及系统生成数据等）后，根据快件目的地进行分拣。

（4）将分拣后的快件，按目的地建包（集包），装车发往下一站转运中心（或网点）继续分拣派送。

由此可以将国内快递服务按其业务环节划分为五个阶段，即收件环节、处理环节、中转环节、运输环节和派送环节。每个环节还可以再细分，比如，可以将派送环节进一步细分为派件一级中转、派件运输、派件二级中转和快件投递等环节。

9.1.1.2 国际快件业务流程

与国内快件业务流程基本相似，不同之处在于开展国际快件服务时，是从源寄地所在国出口和目的地所在国进口，都需要进行对快件的报检、报关等通关手续，除此之外其他环节都与国内快件业务类似。可以这样认为，国际快件服务是国内快件服务的延伸，国际快件在出口前和进口后，业务流程与国内快件基本相同。

9.1.2 快件收寄流程

快件的收寄是指快递服务组织接收快件并收存寄件人填写的快递运单的过程。

（1）前台收件。前台收件是快件进入快递网络的第一环节，一般始于客户到达前台要求寄件，其标准流程为：

确认快件是否可以承运→安全检查→顾客选择产品或服务→填写运单→称重计费→合格包装→面单粘贴。

（2）上门取件。上门取件是客户致电快递公司，由快递公司安排收派员到客户处收取快件。取件就是“收取和承运”快件。取件流程相对来说比较复杂，具体流程如下：

1）客户确定需要快递的物品，整理物品、做物品清单、包装包裹（也可由快递公司代为包装和免费提供物料，一般需提前预约）；

2）客户准备好收件方信息，包括收件人姓名、地址、电话等；

3）客户拨打所在地快递营业网点的客服热线，将由客服专员询问取件地址、联系方式、快件种类和目的地等，客服专员通知快递业务员上门取件；

4）快递营业网点安排收件人员上门收取快件，取件流程与前台接收流程大致类似，只是要在前台收件基本流程之前加入取件准备，收件完成后运回网点做相关操作。

9.1.3 快件收寄作业标准

快件收寄环节作业必须进行安全检查，称重，在必要时还要获取体积重量，同时还必须及时与内勤部进行交接。

9.1.3.1 前台收件作业标准

（1）收寄前的准备。

1）准备好必备的封装材料，如快件专用封套、包装箱、塑料封套、填充物等。

2）向寄件人提供快件运单。

3）提醒寄件人阅读快件运单使用须知。

4）指导寄件人正确填写详情单。

（2）审核运单。

1）是否用蓝色、黑色圆珠笔、钢笔等用力填写，各联字迹是否清晰可辨。

2）收、寄件人姓名（或单位）、电话号码、详细地址和邮政编码是否在指定位置填写。

3）保价金额、内件名称、数量、付款方式是否明确标出。

（3）审核快件。

1）查验内件是否符合快递快件禁限寄规定。

2）验看内件性质、数量是否与详单填写一致。

3）验看快件重量、尺寸、封装是否符合规定。

4）粘贴详情单。

5）快件称重并测量快件规格。

6）根据快件的重量或体积计算并收取资费。

7）如有需要，开具发票。

（4）后续处理。

1）业务员用手持终端做收件动作并带回网点。

2）交接快件。

3）结清当日营业款。

9.1.3.2 上门取件作业标准

与前台取件相比相对复杂。上门取件工作是快递服务组织与客户接触的最前沿，履行常规作业标准的同时，还要保持穿着整洁、谈吐礼貌等。快递业务员在接收到取件任务时，要根据当时的工作量及交通等状况来决定是否能及时到达客户的住处收取快件。取快件时，鉴别是否是禁运品和危险品，为安全运输把好第一关。

（1）收寄前的准备。

1）检查交通工具和通信工具是否正常，确保其性能良好。

2）带齐取件所需的物品和工具。包括运单、包装袋、胶带、卷尺、手提秤、小刀、圆珠笔、大头笔、收据（发票一般不带），宣传手册等。

3）在收到接单组取件通知后，必须在2h内赶到寄件客户处。

4）如在收到取件通知后发现寄件客户不在自己所负责的区域内，应立即通知接单组，更改通知该区域的业务员。

（2）审核运单。具体操作与前台取件相同。

（3）审核快件。具体操作与前台取件相同。

（4）后续处理。完成取件任务后，应按规定时间返回公司，运输过程中须注意以下几点：

1）装车和卸车时，应轻拿轻放、摆放整齐，防止散包或物品损坏。

2）对于大件物品或超长超重的货物，要由两人一起搬动，应主动请人帮忙。

3）体积小的易碎件，应放在大件或重货的上面；体积大的易碎件，应通知公司安排大车运回，以免损坏。

4）用摩托车和自行车驮运时，文件类的小件应装入随身背包里，以免运送中不慎掉落。同时，用胶带将快件捆绑牢固，以免运送中不慎掉落。

9.2 快递运单填写

9.2.1 快件运单

快递的运单也称为快递详情单，是用于记录快件原始收寄信息及服务约定的单据。运单具有契约性质，当寄件人以物品所有人或代理人的名义填写运单，并签字署名后即表示接受和遵守运单背书条款，各项填写运单内容受法律保护。

9.2.1.1 运单填写内容

以圆通快递详情单为例，如图9-1所示，主要填写以下内容。

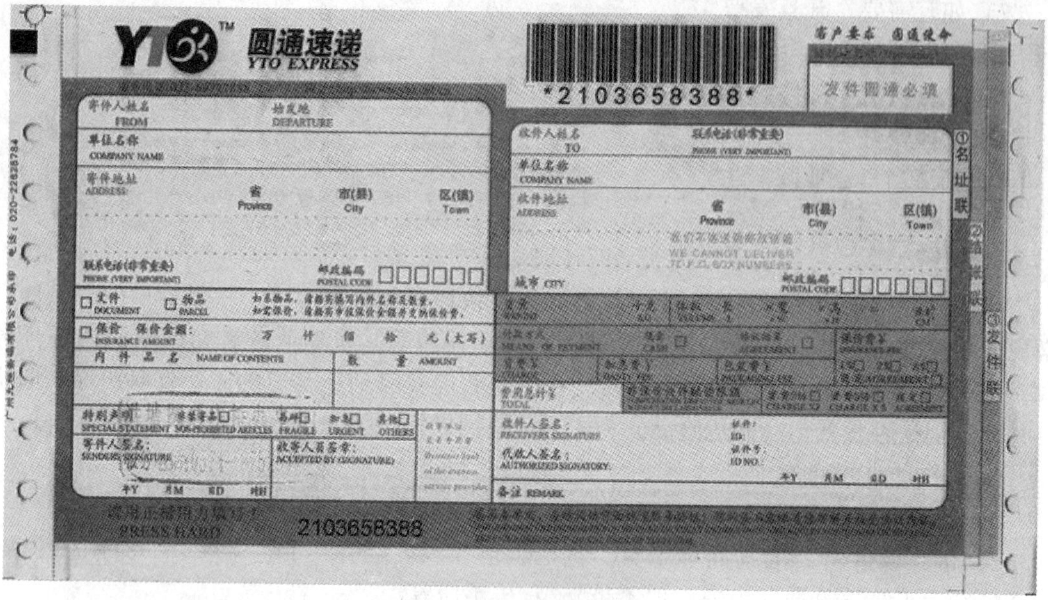

图 9-1 圆通速递快件详情单

（1）寄件人姓名、电话、始发地。详细填写寄件人姓名、有效的联系电话和始发地。

（2）寄件人单位名称。详细填写寄件人的单位名称，如是个人地址，则无须填写。

（3）寄件地址。详细填写寄件人单位或个人地址、邮政编码，如有用户代码，则由快递人员填写。为快件安全迅速传递，须详细、准确填写。

（4）如实选择“文件”或“物品”。

（5）内件品名。注明内装物品的具体名称。

（6）数量。注明内装物品的具体数量。

（7）寄件人签名。请交寄件人确认所填写内容，认可详情单背面使用须知后签名。

（8）收件人姓名、电话。详细填写收件人姓名、有效的联系电话。

（9）收件单位名称。详细填写收件人的单位名称，如寄往个人地址，则无须填写。

（10）收件地址。详细填写收件人的单位或个人地址、邮政编码及相应的城市名。为快件安全迅速传递，收件人地址须详细、准确。

（11）保价栏。如需保价，请选择此项并注明需保价的金额，最高不应超过 3 万元人民币。各快递公司对于最高保价金额各不一样，具体按实际情况填写。

（12）收件人签名。收到快件时须签名（章）确认并填写具体收到快件的日期、时间。若是他人代签收、签名（章）后，还需注明有效证件名称、号码和代收关系。

（13）备注。如需说明情况，请在此栏填写。

详情单上其他项目由快递工作人员填写。

9.2.1.2 运单各联的用途

运单的每一联，都有各自的用途。下面以圆通速递快递详情单为例介绍各联的用途。

第一联（名址联）派送网点存，是货物转运的凭证，粘贴在快件外包装上，始终跟着货物走。收件客户签收后，由派送网点留存，用来计算派送票数和客户查询。

第二联（结账联）由始发网点存，用来计算取件票数和营业收入，以及客户查询。

第三联（发件联）寄件人存，用于快件查询和理赔的凭证。

第四联（收件联）收件人存，用于快件查询。

9.2.2 快件的计费、时限及保价

国家邮政局颁布的《中华人民共和国邮政行业标准·快递服务》（简称《标准》）已从2008年1月1日起实施，该《标准》从服务时限、服务费用、赔偿标准等多个方面对快递行业作出了规范。

9.2.2.1 快件的计费原则

（1）告知原则。快递服务组织应在提供服务前告知顾客服务费用计算方式。告知的内容应包括：

1）快递服务计费的起重及费用；

2）快递服务的续重及计费单价；

3）附加服务的费用。

目前，国内和国际的各大快递公司普遍根据快件目的地将快件划分为国内快件、国际及我国港澳台地区快件，依照不同的资费标准进行计费。其中又将国内和国际快件根据经济及交通环境等因素划分为若干区域实行不同的资费标准。另外，快件内件也分为文件和物品两大类执行不同的资费标准。下面以圆通速递为例介绍国内快递资费标准。

圆通速递国内快递业务资费见表9-1（以南宁—上海为例）。

表9-1 圆通速递国内快递业务资费

起重资费/元	续重资费/元
13	8

注：1. 到付价格=现付价格*1.25，不足1元按1元收取，到付最低15元起。此价格供参考，详情请咨询圆通当地营业网点。

2. 起重重量在1kg以内，续重重量不足1kg按1kg计算。

（2）重量计费原则。快件的计费重量是以快件实际重量（毛重）和体积重量相比，取二者中较大者而确定。

9.2.2.2 快件的时限要求

快递服务时限是指快递服务组织从收寄开始，到第一次投递的时间间隔。《标准》规定除了与顾客有特殊约定（如偏远地区）外，服务时限应满足以下要求：

（1）同城快递服务时限不超过24h；

（2）国内异地快递服务时限不超过72h。

9.2.2.3 快件的保价

快件的保价是指由寄件人对价值较高的货物声明其价值，并就其所声明的价值按一定比例在运费外再额外支付保价费。保价快件如发生丢失、损毁或短少，按实际损失价值赔

偿，但最高不超过相关快件的保价金额。未按规定交纳保价费的快件，不属于保价快件。未保价快件如发生丢失、损毁或短少，按实际损失赔偿，最高不超过所付运费的两倍（或五倍）。

9.3　快件的运输方式

快递讲求时效性，依靠方便快捷的现代交通工具，在规定的时间内将货物送达目的地，实现门到门的一站式服务。快递企业根据不同客户需求，采取不同的运输方式。一般说来，主要有三种运输方式可供选择，即铁路运输、公路运输和航空运输，每种运输方式都有其自身的优缺点。

9.3.1　铁路运输

铁路运输的优点是速度快，运量大，运费低，准确性和安全性高。但是，其机动性不强。尽管大量运输，采用整车发运，运费比较便宜，但是，有时它不得不耽误很多时间等待列车编组发运。在长途运输过程中，或在整个运输的某一地点，铁路还要依赖其他运输工具实现物资从产地到车站、中转方、收货方的短途运输来衔接。因此，在某些情况下，随着运输环节和等待时间的增加，铁路运输总体费用会合理地上升，而提供给市场的时间效用则相对下降。

9.3.2　公路运输

公路运输的主要缺点是运载量小、耗能大、成本高，不宜载运大宗笨重货物作远距离运输。但公路运输有较强的灵活性和机动性，可实现“门到门”的运输，货物送达速度较快。

9.3.3　航空运输

航空运输速度快，可跨越各种天然障碍，航线最直，可以到达其他运输方式不易到达的地方。但航空运输费用高、运量小。

9.4　快件的查询、更址和撤回（退回）及索赔

9.4.1　快件查询

快件查询是快件服务组织向顾客反馈快件传递质量的一种服务方式，快递服务组织应向顾客提供电话或互联网等查询渠道。

9.4.1.1　快件查询渠道

（1）网站查询。进入快递公司的网站，有查询物流状态，可直接把运单号输入，即可看到快递的流程。现在快递都是采用条形码（或运单号）追踪的方法。数据库会留一个接口，让客户可以通过网站自己查询跟踪。

（2）电话查询。客户可拨打客服热线告诉服务人员运单号码即可进行查询。

（3）营业网点查询。到客户交寄快件的营业厅办理查询手续。营业窗口受理快件查询时客户应提供：快件详情单寄件人存联或快件收据（如非寄件人，受寄件人委托办理查询，应提供快件收据或快件详情单及寄件人和本人有效证件）。

（4）微信、QQ 查询。在快递公司官方微信或 QQ 输入需要查询的快件单号，发送到快递服务组织指定的查询号码，客户会收到快件当前状态等信息。

9.4.1.2 快件查询方法

下面以查询圆通速递快件为例进行介绍。

（1）拨打圆通速递客户服务电话（95554）。

（2）登录 www. yto. net. cn 查询。快件的传递信息只有在相关环节处理过后才能在网上查到。一般来讲，在快件发出的 2 个小时后即可查到快件的传递处理信息。

（3）圆通速递的快件微信（或 QQ）查询服务。可通过关注圆通速递官方微信公众号进入“我的查询”输入需要查询的快件单号，点击“查询”即可。

（4）除以上查询方式外，寄件人可持圆通速递快递详情单（寄件人存联）和收据到交寄网点办理查询。

9.4.1.3 快件查询的有效期

圆通速递快件的查询期限为 12 个月。

9.4.2 快件的更址

快件的更址即更改派送地址，指由于派送地址无人签收、收件人搬迁或其他原因，客户要求将快件改寄其他地址。

9.4.2.1 处理方法

（1）收件人要求更改派送地址，必须向发件人（或发件网点）确认此事。

（2）确认运单号码，确认快件正在运输途中，要求客户传真确认函（或发件网点内网回复）。

（3）确认两程运费的支付人，确认新的收费事项，重新制作运单（或正确填写转件说明标贴）。

9.4.2.2 操作流程

（1）确认快件是否已被派送。

（2）重新制作运单（或正确填写转件说明标贴），做好登记工作。

（3）先程运费是寄付的，须确认后程运费的支付人。

（4）先程运费是到付的，须确认两程运费的支付人。

（5）跟进过程及结果，在系统做转或退件操作。

其中，后程（第二程运费）是指“转寄地”到“目的地”的运费。

寄件人在向快递服务组织提出更址申请时，快递服务组织应告知寄件人需要承担更址费用并告知费用标准。

9.4.3 快件的撤回（退回）

由于派送地址无人签收、收件人搬迁、客户将物品寄错或其他原因，客户要求将快件撤回（退回）。

9.4.3.1 撤回（退回）条件

满足以下条件的快件可以申请撤回（退回）。

（1）同城和国内异地快递服务，快件尚未派送成功（未签收）。

（2）港、澳、台地区快递服务，快递尚未出口验关。

（3）国际快递服务，快件尚未出口验关。

9.4.3.2 操作流程

（1）确认快件是否已被送出。

（2）未被送出情况下，重新制作运单（或正确填写退件说明标贴），做好登记工作。

（3）已被送出情况下，需输入查询系统跟进过程及结果，做出相应处理。

寄件人在向快递服务组织提出撤回（退回）申请时，快递服务组织应告知寄件人需要承担撤回（退回）费用并告知费用标准。

9.4.4 快件的索赔

9.4.4.1 赔付对象

快件赔付的对象应为寄件人或寄件人指定的受益人。

9.4.4.2 索赔因素

索赔因素主要包括快件延误、丢失、损毁和内件不符。

（1）快件延误。指快件的投递时间超出快递服务组织承诺的服务时限，但尚未超出彻底延误时限。

（2）快件丢失。指快递服务组织在彻底延误时限到达时仍未能投递快件，与顾客有特殊约定的情况除外。

（3）快件损毁。指快递服务组织寄递快件时，由于快件封装不完整等原因，致使快件失去部分价值或全部价值。与顾客有特殊约定的情况除外。

（4）内件不符。是指内件的品名、数量和重量与快递运单不符。

9.4.4.3 索赔例外情形

有下列情形之一的，快递服务组织可不负赔偿责任。

（1）由于顾客的责任或者所寄物品本身的原因造成快件损失或延误的。

（2）由于不可抗力的原因造成损失的（保价快件除外）。

（3）寄递的物品违反禁寄或限寄规定的，经主管机关没收或依照有关法规处理的。

（4）投交时快件封装完好，无拆动痕迹，且收件人已按规定手续签收，事后收件人发现内件短少或损毁的。

（5）客户自交寄快件之日起至查询期满未查询又未提出赔偿要求的。

（6）国际快件被寄达国按其国内法令扣留、没收或销毁的。

9.4.4.4　赔偿原则

快递服务组织与客户之间有约定的应依据约定赔偿，没有约定的按以下原则执行。

（1）快件延误。延误的赔偿应为免除本次服务费用（不含保价等附加费用）。延误导致内件直接价值丧失，应按照快件丢失或损毁进行赔偿。

（2）快件丢失。快件丢失赔偿应主要包括：快件发生丢失时，免除本次服务费用（不含保价等附加费用）；购买保价（保险）的快件，快递服务组织按照被保价金额进行赔偿；对于没有购买保价（保险）的快件，按照《中华人民共和国邮政法》及实施细则及相关规定办理。

（3）快件损毁。快件损毁赔偿应主要包括完全损毁和部分损毁两类：

1）完全损毁，指快件价值完全丧失，参照快件丢失赔偿的规定执行；

2）部分损毁，指快件价值部分丧失，依据快件丧失价值占总价值的比例，按照快件丢失赔偿额度的相同比例进行赔偿。

（4）内件不符。内件不符赔偿主要包括两种情况：内件品名与寄件人填写品名不符，按照完全损毁赔偿；内件品名相同，数量和重量不符，按照部分损毁赔偿。

9.4.4.5　受理索赔期限

快递服务组织受理索赔期限应为收寄快件之日起1年内。

9.4.4.6　索赔程序

（1）索赔申告。寄件人在超出快递服务组织承诺的服务时限、并且不超出快件索赔期限内，可以依据索赔因素向快递服务组织提出索赔申告。快递服务组织应提供索赔申告单给寄件人，寄件人填写后交快递服务组织。

（2）索赔受理。快递服务组织应在收到寄件人的索赔申告单24h内答复寄件人索赔处理时限，并告知寄件人索赔处理时限。

（3）索赔处理时限。索赔处理时限指从快递服务组织就索赔申告答复寄件人开始到快递服务组织提出赔偿方案的时间间隔。快递服务组织除了与寄件人有特殊约定外，索赔处理时限应不超过以下时限：同城和国内异地（含港、澳、台地区）快件为30天，国际快件为60天。

（4）赔金支付。快递服务组织与寄件人就赔偿数额达成一致后，应在7天内向寄件人或寄件人指定的受益人支付赔金。

（5）索赔争议的解决。寄件人与快递服务组织就是否赔偿、赔偿金额或赔金支付等问题可先行协商，协商不一致的，可依法选择投诉、申诉、仲裁、起诉等方式，如选择仲裁，应在收寄时约定仲裁地点和仲裁机构。

9.5　快件的收验

9.5.1　快件收验操作程序

（1）查验快件。在上门取件方式下，对于客户已封装好的快件，快件业务员必须征得客户同意后方可开箱检查快件内容，核对内容物申报资料属实后且无公司规定的拒收寄物品、无损坏、包装符合标准才能接收。若客户不愿当面检验货物，要委婉向客户解释说明服务契约，尽量争取客户理解。

（2）处理易碎物品和贵重物品。

1）易碎物品。为避免货物在运送过程中受到挤压造成破损，协助客户按运输要求进行包装，对容易破损或易变形的货物，在外箱上粘贴“易碎”标贴。

2）收取贵重物品时，参照贵重物品包装要求包装并粘贴封签，请客户签名。

（3）计算运费。

1）一般货物可直接用弹簧秤或磅秤称取重量。

2）对于与客户协商好的取货物实际重与材积重中最大者计算的，务必用卷尺量体积，写下体积尺寸，并算出体积重量。如果是不规则物品，取其长、宽、高最大值。比较体积重量和实际重量，体积重量大于实际重量的要取体积重量作为计费重量。

3）按价格表计算价格，确认付款方式，重量和价格不能有任何涂改。

（4）请用户提供其他单证。如接收需要其他单证才能通关或清关、派送的货物，务必请客户提供有效单证，以便顺利的申报、清关、派送，如进仓货物的进仓单，国际空运件的“INVOICE（发票）”、“PACKING LIST（货物清单）”，国际件CC付货物的《到付保证函》，单独报关货物的报关单、报关手册或合同、报关委托书、INVOICE、PACKING LIST、核销单等单证。

（5）请客户确认并收取运费。

1）上述操作完成后应请客户确认并在“寄件人签名”栏签名。

2）如属现付应及时向寄件人收取运费，并将寄件人留底联交寄件人。收件人付款的需向寄件人声明，若收方不同意付款，一律改由寄件人付款。

9.5.2　快件重量和规格要求

快件的重量限度是指对快件的单件所规定的最高重量限制。我国《快递服务行业标准》明确规定：快件的单件质量不宜超过50kg，快件的单件包装规格为快件任何一边的长度不宜超过150cm，长、宽、高三边长度之和不宜超过300cm。

各快递公司都有自己的快件尺寸限制，以下将以圆通速递为例进行详细介绍。

（1）圆通速递规定快件的最小尺寸不能小于面单规格。

（2）圆通速递规定快件的最大尺寸为：单边长度不超过200cm，三边之和不超过300cm。

（3）体积方面：单件物品体积不超过1m^3。

（4）不规则物品的体积重算法：航空不规则物品的体积重计算为（最长 * 最宽 * 最

高)/6000，汽运不规则物品的体积重计算为（最长＊最宽＊最高)/12000，

9.5.3 禁限寄物品的相关规定

9.5.3.1 禁寄品

禁寄品是指在任何情况下，都无条件不受理不承运的物品。根据国际通行惯例，禁寄品包括动物、尸体、骨灰、军火、金条、银条、流通货币、色情物品、危险品、可议付的物品、法律所禁用的药品及麻醉剂、任何地方法律或当地政府所禁运的物品等。

我国法律法规明令禁止寄递的物品主要包括以下14类：

(1) 各类武器、弹药，如枪支、子弹、炮弹、手榴弹、地雷、炸弹等。

(2) 各类易爆炸性物品，如雷管、炸药、火药、鞭炮等。

(3) 各类易燃烧性物品，包括液体、气体和固体，如汽油、煤油、桐油、酒精、生漆、柴油、气雾剂、气体打火机、瓦斯气瓶、磷、硫黄、火柴等。

(4) 各类易腐蚀性物品，如火硫酸、盐酸、硝酸、有机溶剂、农药、过氧化氢、危险化学品等。

(5) 各类放射性元素及容器，如铀、钴、镭、钚等。

(6) 各类烈性毒药，如铊、氰化物、砒霜等。

(7) 各类麻醉药物，如鸦片（包括罂粟壳、花、苞、叶)、吗啡、可卡因、海洛因、大麻、冰毒、麻黄素及其他制品等。

(8) 各类生化制品和传染性物品，如炭疽、危险性病菌、医药用废弃物等。

(9) 各种危害国家安全和社会政治稳定以及淫秽的出版物、宣传品、印刷品等。

(10) 各种妨害公共卫生的物品，如尸骨、动物器官、肢体、未经硝制的兽皮、未经药制的兽骨等。

(11) 国家法律、法规、行政规章明令禁止流通、寄递或进出境的物品，如国家秘密文件和资料、国家货币及伪造的货币和有价证券、仿真武器、管制刀具、珍贵文物、濒危野生动物及其制品等。

(12) 包装不妥可能危害人身安全、污染或者损毁其他快件、设备的物品等。

(13) 各寄达国（地区）禁止寄递进口的物品等。

(14) 其他禁止寄递的物品。

9.5.3.2 限寄品

限寄品是指在特定情况下，有条件的受理和承运的物品。根据世界各国海关的有关规定，限寄品主要包括酒精制品、动物或植物制品、棉花、种子、茶叶、烟草、古董或艺术品、不可替代品、受保护动物制品（毛皮/象牙等)、工业金刚石、医学样品（血样、人体组织等)、可兑现票据、鲜活品及保温物品，特别是金刚石和石头（珠宝等)、手表、贵重首饰等。我国海关规定的限制进境和出境物品具体如下。

(1) 限制进境物品。

1) 无线电收发信机、通信保密机。

2) 烟、酒。

3）濒危的和珍贵的动物、植物（均含样本）及其种子和繁殖材料。

4）国家货币。

5）海关限制进境的其他物品。

（2）限制出境物品。

1）金银等贵重金属及其制品。

2）国家货币。

3）外币及其有价证券。

4）无线电收发信机、通信保密机。

5）贵重中药材。

6）一般文物。指 1795 年（乾隆 60 年）后的，可以在文物商店出售的文物。

7）海关限制出境的其他物品。

9.6　快件的包装

为保证快件安全、准确、迅速的传递，需确保快件的包装符合规格。因自动分拣机只适于分拣底部平坦且具有刚性的包装规则的快件。而包装底部柔软且凹凸不平、包装容易变形、易破损、超长、超薄、超重、超高、不能倾覆的快件不能使用普通的自动分拣机机进行分拣，因此，为了使大部分快件都能使用机械设备进行自动分拣，必须推行标准化包装，使大部分快件的包装符合国家标准。

9.6.1　文件资料类快件的包装要求

（1）一般应装入专用快件封套内寄递，如图 9-2 所示。

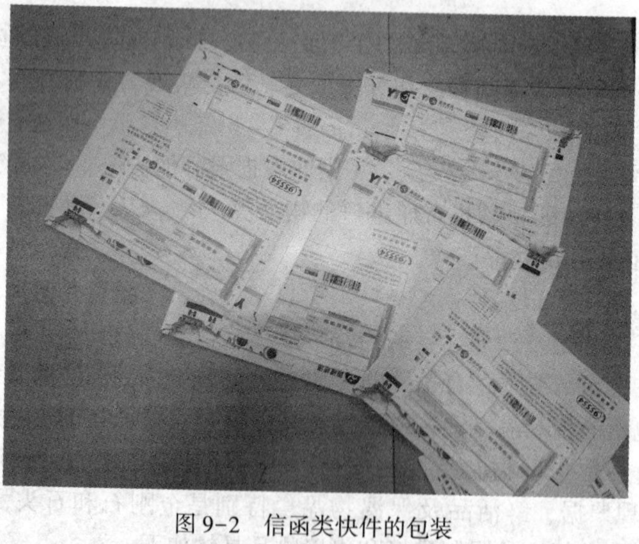

图 9-2　信函类快件的包装

（2）扁平形快件，厚度不超过 10mm 的，应装入快件专用封套内寄递；厚度超过 10mm 的应用大小合适的包装箱、包装盒封装。封装时，箱内空隙处做好填充，包装箱、盒外用专用胶带封固，如图 9-3 所示。

图 9-3 扁平件快件的包装

（3）圆卷形快件，封皮不得短于内件，圆卷尺寸应符合尺寸限度规定。长度较大的，应内衬坚实的圆棍或采用硬质塑料的圆筒作外包装物。

9.6.2 物品类快件的包装要求

（1）应根据快件的性质、大小、轻重、寄递路程的远近和运输状况等，选用适当的包装材料妥善包装，以防止封皮破裂、内件散落、封皮材料变形、伤害处理人员、污染或损毁其他快件、因寄递途中挤压碰撞摩擦震荡或气候湿度影响而发生损坏。

（2）柔软、干燥、耐压的轻型物品（如衣服、布料、袜子等），可用塑料袋、套峰装，再装入快件专用封套或快件包装箱内。

（3）硬质物品不得使用快件的专用封套封装。

（4）贵重物品，如笔记本电脑、手表、相机等，要装入坚固耐压的纸质或金属箱内，也可用木箱包装，箱内空隙的地方用柔软物料妥为填塞，箱外再用坚韧的纸或者用塑料包装好。

9.6.3 包装注意事项

（1）必须采用标准的封套来封装快件，不准使用旧封套和自制的封套。

（2）不要将物品分散放在箱内，务必填满空隙以保护物品。易碎物品应以个别包装分隔，并要适当填充固定。

（3）需要使用箱、盒封装时，一律采用纸质包装箱、盒；破损或不平坦的纸箱不得使用，瓦楞纸质表面不得出现露楞现象。建议在纸箱内放入寄件人及收件人地址和电话标签。

（4）包装箱、盒应用透明防水专用胶带封固，纸箱上不得留有旧标签，运单应贴在箱面上，不可遮盖运单的条形码（包括用透明胶纸），要保持运单平滑干净。

（5）在快件重量超过 5kg 时，箱、盒外必须用非金属捆扎带箍紧。捆扎时，应先将快件详情单牢固粘贴在快件封面上后再行捆扎。

9.6.4 打包机的使用

打包机又称捆扎机，是使用捆扎带缠绕产品或包装件，然后收紧并将两端通过热敏效应熔融或使用包扣等材料连接的机器。捆扎机的功用是使塑料带能紧贴于被捆扎包件表面保证包件在运输、贮存中不因捆扎不牢而散落，同时保持捆扎整齐美观。包裹类快件用包装箱封装时，为了保持箱体的稳固，便于搬运、装卸，一般应用打包机打包。打包机如图 9-4 所示。

图 9-4　机械打包机

9.7　快件的称重与测量

9.7.1　测量工具使用

根据重量计费原则，快件在收寄后需要测量重量和体积。在快件处理场地，常用的测量工具主要有电子秤和卷尺。

9.7.1.1　电子秤的使用及维护保养

电子秤是收寄信函、包裹时称重计量工具。为确保收寄质量，须做好电子秤的安装、使用与保养等工作。电子秤（图 9-5）是快件处理场地常用的称重设备。其称重范围虽然远远低于电子地磅，但高于便携式手提秤的称重范围。电子秤准确度高，但因体积较大，不便携带。

图 9-5　电子秤

A　电子秤的使用

先插上电源后再开机，开机后进行自检。自检结束后，秤已作好称重准备，此时所有显示屏显示零，并有零位指示标志“▽”。将快件放置在秤盘上。按动有关功能键，则显示相应的资费。如邮寄功能状态与上次相同，则不必重复按键，放上快件即可显示资费。工作结束或长时间不使秤时，须关闭电源开关，拔掉电源插头。使用电子秤时，要注意到以下几点。

(1) 电子秤称重时，物品不得接触地面，且其应置于稳定平整的平面上。调整四个底角螺钉使秤处于水平位置，然后再开启电源（如果需要则应放上专用秤盘）。

(2) 开机画面显示结束后进入计重模式，“零位”标志和“千克”指示标志出现，可按“模式”键循环选择计重、计数、百分比三种功能模式。

(3) 单位选择。按“单位”键，用来在千克和磅之间选择计重单位，显示屏上出现相应的指示标志。

(4) 去皮功能。将容器放在秤盘上，重量稳定后，按［去皮］键，重量显示为零，“去皮”标志出现，此时显示的重量为净重；将秤盘上的物品取下，重量显示为负值，再按［去皮］键，称重复零，“去皮”标志消失。电子秤不能长期在去皮状态下使用，否则零位自动跟踪功能消失，零位会产生漂移。

(5) 置零功能。在使用过程中，如果出现零点漂移现象（秤盘上无任何物品，但有重量显示），按“置零”键，重量归零。

(6) 不得将称重快件扔、摔，砸在称重设备上。

(7) 不得将重量大于电子秤额定重量标准的快件称量。

(8) 体积大的快件称重时，除与秤盘接触外，不得有任何其他接触点或接触面。

(9) 使用直流电的电子秤，应定期补充电量。

(10) 电子秤不得与水、油等液体或高温接触，防止意外损坏。

B 电子秤的日常保养

平时要注意电子秤上敏感易损部件的保护。日常工作中轻拿轻放，避免磕碰摔打，也不要在秤盘上粘贴各类标签或不干胶，更不要在电子秤盘上堆放无关的物品或其他杂物。

9.7.1.2 卷尺的使用及注意事项

卷尺用于测量较长快件的尺寸或距离，如图 9-6 所示。根据材质不同，卷尺可以分为钢卷尺、纤维卷尺、塑料卷尺等。在快件处理场地使用最多的是钢卷尺。钢卷尺可分为自卷式卷尺、制动式卷尺、摇卷式卷尺。其中制动式卷尺最为常见。制动式卷尺主要由尺带、盘式弹簧（发条弹簧）、卷尺外壳三部分组成。

当拉出刻度尺时，盘式弹簧被卷紧，产生向回卷的力；当松开刻度尺的拉力时，刻度尺就会被盘式弹簧的拉力拉回。使用卷尺时，应注意以下几点。

图 9-6 卷尺

(1) 对某一边的测量，起止点要准确。

(2) 测量不规则或弧形快件，以测量边的直线为标准。

(3) 测量快件时，尺子应绷紧，不得弯曲等。

9.7.2　快件重量、体积测量方法

（1）常规件。一般只对重量进行计量，将包装（封装）好的快件放在电子秤上计量，计量单位为千克。

（2）轻抛件。比较体积重量和实际重量，体积重量大于实际重量的一般称为轻抛件。对于轻抛件，要取体积重量作为计费重量。轻抛件要依照国际航空运输协会规定的轻抛物计算公式折算体积重量。

1）航空件体积重量。针对需经航空班机承运的快件，所有航空货运公司都会对发出的每一票快件计算其体积重量，然后将这个体积重量与物品的实际重量进行比较，取两者较重的一个作为收费的重量。体积重量是将货物体积，利用折算公式，计算得到。

体积重量的计算方法是：首先不考虑货物的几何形状分别量出货物的最长、最宽、最高的部分，单位为厘米，测量数值的尾数四舍五入。然后将货物的长、宽、高相乘得出货物的体积。最后将体积折合成千克或磅，即根据所使用不同的度量单位分别用体积值除以6000立方厘米得出单位为千克的数值（若为立方英寸则除以366或166立方英寸得出单位为磅的数值）。体积重量尾数的处理方法与毛重尾数的处理方法相同，以0.5kg为最小单位。即

[长度（cm）×宽度（cm）×高度（cm）]/6000=以千克为单位的体积重量

当货物体积折算的重量大于货物实际重量，一般按体积重量来计算；当货物体积折算的重量小于货物实际重量，将按实际重量来计算。

2）非航空件轻抛件的体积重量按同等体积的航空件轻抛件重量减半，即

非航空件体积重量=［长（cm）×宽（cm）×高（cm）］/12000

快件的体积重量反映了包裹的密度，与同等实重的快件相比，密度较小的货物需要占据更多空间。

3）对不规则物品的体积测量。将不规则物品当做一般长方体箱子处理，取物品的最长、最高、最宽边量取。

9.8　人民币鉴别的方法

快递工作人员在揽件过程中或派送、代收款过程中都可能收到客户交来的人民币，快递业务员应对所收人民币的真假进行辨别，主要鉴别方法如下。

9.8.1　真币对照法

将可疑币与真币进行对照，仔细观察两币之间在纸张、图案、油墨、水印、安全线等方面的差异。真币的图案颜色协调，人像层次丰富，富有立体感，人物形象表情传神，色彩柔和亮丽；安全线牢固地与纸张黏合在一起，并有特殊的防伪标记；对印图案完整、准确，各种线条粗细均匀，直线、斜线、波纹线明晰、光洁。真币印制精细，假币则必然与真币有不同或粗制滥造之处。

9.8.2　手感触摸与观察法

（1）纸的质地高级。制造这种钞票用纸的原料主要是棉短绒，比一般的造纸原料贵得多。造纸原料配方，有着严格的固定比例。造出来的纸质地光洁细腻、坚韧耐折、挺括平整。如果用手拿着钞票在空中抖动，或者两手拿着钞票的两端一松一紧地拉动，或者用手指轻弹纸的表面，都会发出清脆响亮的声音来。而普通印刷纸的原料大都是稻草、麦秆、破布等，纸的质地绵软粗糙，韧性和张力不足，极易拉断。如果在空中抖动，声音发闷。

（2）无荧光反应。钞票用纸所选用的原材料都是纯净清洁、不含杂质，白度很高，不添加荧光增白剂，呈自然的洁白色。如果在紫外线的光照下，没有荧光反应。而普通的印刷纸一般都要添加荧光增白剂，在紫外线的照射下，就会发出明亮的蓝白荧光。

（3）水印。第五套人民币各券别纸币的固定水印位于各券别纸币票面正面左侧的空白处，迎光透视，可以看到立体感很强的水印。100 元、50 元纸币的固定水印为毛泽东头像图案。20 元、10 元、5 元纸币的固定水印为花卉图案。

（4）安全线。第五套人民币纸币在各券别票面正面中间偏左，均有一条安全线。100 元、50 元纸币的安全线，迎光透视，分别可以看到缩微文字“RMB100”“RMB”的微小文字，仪器检测均有磁性；20 元纸币，迎光透视，是一条明暗相间的安全线，10 元、5 元纸币安全线为全息磁性开窗式安全线，即安全线局部埋入纸张中，局部裸露在纸面上，开窗部分分别可以看到由微缩字符“￥10”、“￥5”组成的全息图案，仪器检测有磁性。

（5）光变油墨。第五套人民币 100 元券和 50 元券正面左下方的面额数字采用光变墨印刷。将垂直观察的票面倾斜到一定角度时，100 元券的面额数字会由绿变为蓝色，50 元券的面额数字则会由金色变为绿色。

（6）对接图案。看票面图案是否清晰，色彩是否鲜艳，对接图案是否可以对接上。第五套人民币纸币的阴阳互补对印图案应用于 100 元、50 元和 10 元券中。这三种券正面左下方和背面右下方都印有一个圆形局部图案。迎光透视，两幅图案准确对接，组合成一个完整的古钱币图案。

（7）摸人像、盲文点、中国人民银行行名等处是否有凹凸感。第五套人民币纸币各券正面主景均为毛泽东头像，采用手工雕刻凹版的印刷工艺，形象逼真、传神，凹凸感强，易于识别。

9.8.3　工具检测法

就是借助一些简单工具或专用鉴别仪器进行钞票真伪识别的方法。例如，借助放大镜来观察票面线条的清晰度，胶、凹印缩微文字等；也可将真币置于紫外光灯下，观察有色和无色荧光油墨印刷图案，纸张中有不规则分布的黄、蓝两色荧光纤维，票面颜色无刺眼现象，假币则出现刺眼的蓝白光，但用这种方法检测时，有时个别真币由于接触过肥皂粉或其他化学物品，也会有荧光反应；用磁性检测仪检测黑色横号码的磁性，真币在检测时检测仪会叫或灯亮，假币则无这种反应。

9.9 发票和支票

9.9.1 发票

发票，是指在购销商品，提供或者接受服务以及从事其他经营活动中，开具、收取的收付款凭证。

9.9.1.1 发票的基本内容

发票的名称、字轨号码、联次及用途、客户名称、开户银行及账号、产品名称或经营项目、计量单位、数量、单价、大小写金额、开票人、开票日、开票单位（个人）名称（章）等。

9.9.1.2 发票的联次

普通发票为三联：第一联为存根联、开票方留存备查；第二联为发票联，收执作为付款或收款的原始凭证；第三联为记账联，开票方作为记账原始凭证。专用发票的基本联次统一规定为四联，除上述三联外还增加了一联，即第三联为抵扣联，收执方作为抵扣税款的凭证。第四联为记账联。

9.9.1.3 发票的领购

（1）依法办理税务登记的单位和个人，在领取税务登记证件后向主管税务机关申请领购发票。

（2）申请领购发票的单位和个人应当提出购票申请，提供经办人身份证明、税务登记证件或者其他有关证明，以及财务专用章或者发票专用章的印模，经主管税务机关审核后，发给发票领购簿。

（3）需要临时使用的单位和个人，可以直接按有关规定向主管税务机关申请开具。

（4）临时到本省、自治区、直辖市以外从事经营活动的单位和个人，应当凭所在地税务机关证明，向经营地税务机关申请领购普通发票。税务机关对外省、自治区、直辖市来辖区从事临时经营活动的单位和个人申请领购发票的，可以要求其提供保证人或者根据所购发票的票面限额及数量缴纳不超过1万元的保证金并限期缴销发票。

9.9.1.4 发票的填开

（1）销售产品、提供服务及从事其他经营活动的单位和个人，对外发生经营业务收取款项，收款方应当向付款方开具发票。

（2）单位和个人在开具发票时，必须做到按号码顺序填开，填写项目齐全、内容真实、字迹清楚、全部联次一次复写、打印，内容完全一致，并在发票联和抵扣联加盖单位财务印章或者发票专用章。

（3）开具手工版增值税专用发票的销货单位，应在专用发票“销货单位”栏内，加盖统一刻制的销货单位栏戳记（包括销货单位名称、地址电话、税务登记号、开户银行及账号等），该章使用蓝色印泥。

9.9.1.5 发票的保管

（1）使用发票的单位和个人应确定专人保管发票，用票多的单位应建立领用存台账；使用增值税专用发票的单位应有保险柜存放，妥善保管，不得丢失。

（2）开具发票的单位和个人对已经开具的发票存根联和发票登记本，应当保存五年。保存期满，报经税务机关查验后销毁。

9.9.1.6 形式发票

在快件中经常用到的发票是形式发票。形式发票，也叫发票声明书。是卖方对潜在买方报价的一种形式。买方常常需要形式发票，以作为申请进口和批准外汇之用。在快递业务中，当发件人的货物（如样品）不作为商品出售时，必须提供形式发票。

A 形式发票应包含的内容

形式发票要用发件公司的专用形式发票或快件公司提供的形式发票。形式发票应全面记录货物的出口详情，包括其价值。形式发票应注明货物的估价，商业发票要注明其实际价值。具体包括的信息如下：

（1）发件人姓名、公司名称、地址、邮编、电话/传真。

（2）收件人姓名、公司名称、部门、职位、邮编、电话/传真。

（3）货物总件数，包括重量和体积。

（4）货物的逐项描述，包括单价和总价（无论价值大小，所有包裹都应有申报价值）。

（5）制造商和生产国。

（6）出口理由。

（7）商品编码。

（8）发件人的签字原件。

B 形式发票的填写

指导发件人完成形式发票的填写是快递业务员的工作职责。在无发件人授权的情况下，不能代其填写形式发票。如果需要修改，应由发件人完成。

9.9.2 支票

支票是由出票人签发的，约定自己或者委托付款人在见票时或指定的日期向收款人或持票人无条件支付一定金额的有价证券，票样如图 9-7 所示。

9.9.2.1 支票的用途

支票分为现金支票、转账支票和普通支票。支票上印有“现金”字样的为现金支票，现金支票只能用于支取现金。支票上印有“转账”字样的为转账支票，转账支票只能用于转账。普通支票是没有印“现金”字样也没印“转账”字样的支票，它可以用于支取现金也可用于转账。在普通支票的左上角划两条平行线，为划了线支票，划了线的支票只能用于转账。

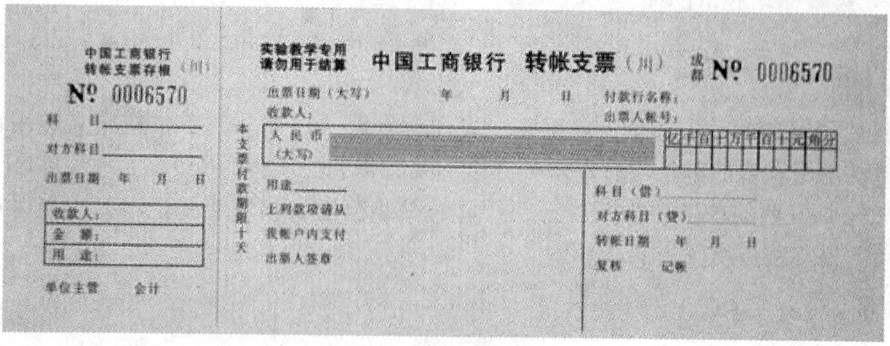

图 9-7　支票图样

9.9.2.2　支票的注意事项

（1）支票日期的填写。如日期 2010 年 1 月 1 日的日期是绝对不能写阿拉伯数字的。

正确写法：贰零壹零年零壹月零壹日；又如日期 2010 年 11 月 12 日的正确写法：贰零壹零年壹拾壹月壹拾贰日。

（2）收款人。支票的收票人一定要写公司全称，少一个字也不行，并且要置顶，“收款人:”后不能留有空隙，如有空隙为不可用支票，银行拒收。

（3）金额的填写。对于大写，如 2009.09 元应写为贰仟零玖元零玖分。分后面不写“整”或“正”，小数点后到角的就要写“整”或“正”。对于小写，正确写法为￥2009.09。

（4）提现金支票。一般公司提取现金，在用途处必须写备用金，如付款给别人是货款就写货款，这个规定没那么严格，就是在提取现金的时候规定一定要写备用金。

（5）盖章。支票上盖的章要和银行留的印鉴是一致的（一般都是法人的私章和财务章），并且章要非常清晰，不然银行机器过不了，就要退回了。

（6）支票回执。回执的内容要和支票这边写的一致（回执由付款人留存）。

（7）背书。

1）收到对方的支票时，在支票的背面背书处写明：委托某某银行收款，并在第一个框内盖财务章和私章，尽量不要盖出第一个框，盖的章也要清晰。

2）付支票给对方时，在支票的正面写明日期、收款人、金额、用途、盖章，反面不用写。

复习思考题

9-1　单选题

（1）在上门揽收流程中，有一个接受信息的环节。以下不属于接收客户寄件需求信息方式的是（　　）

A. 快递企业客服人员通知　　B. 客户直接致电

C. 客户短信告知　　D. 网上系统直接下单

（2）在验视快件环节，以下不属于验视内容的是（　　）。

A. 快件的重量　　B. 快件的规格

C. 验视是否属于禁止或限制寄递的物品　　D. 快件的数量

(3) 在快递实际操作中，不属于地理区域范围标识的形式是（　　）。

A. 企业自行进行区域标识　　B. 行政区划标识

C. 电话区号标识　　D. 邮政编码标识

(4) 快件的流转主要有 4 个环节，即收寄、（　　）、运输、派送。

A. 仓储　　B. 包装　　C. 处理　　D. 加工

(5) 下列不属于快件时限的是（　　）。

A. 快件收递时限　　B. 快件处理时限　　C. 快件运输时限　　D. 快件仓储时限

(6) 下列不属于背书条款的主要内容的是（　　）。

A. 查询方式与期限　　B. 快递价格规定

C. 客户何快递企业双方何权利与责任　　D. 赔偿的有关规定

(7) 以下不属于客户快件查询渠道的是（　　）。

A. 邮件查询　　B. 网站查询　　C. 电话查询　　D. 网点查询

(8) 快件的查询信息有效期应为快递企业收快寄快件之日起（　　）年内。

A. 1　　B. 2　　C. 3　　D. 4

(9) 下列哪一项不属于快件的索赔因素（　　）。

A. 延误　　B. 包装不规范　　C. 丢失　　D. 损毁

(10)《快递服务》邮政行业标准对快件重量的规定为：国内单件快件重量不宜超过（　　）kg。

A. 30　　B. 40　　C. 50　　D. 60

(11) 航空快件的最小规格，每件快件的长、宽、高之间和不得小于（　　）cm。

A. 20　　B. 40　　C. 50　　D. 60

(12) 以下不属于包装原则的是（　　）。

A. 适合运输原则　　B. 提高价格原则　　C. 便于装卸原则　　D. 适度包装原则

(13) 运单粘贴时要求美观、大方，运单与快件边缘留出（　　）cm 的距离最合适。

A. 2　　B. 3　　C. 4　　D. 5

9-2　判断题

(1) 收寄流程包括验视、包装、运单填写和款项交接等环节。（　　）

(2) 在对快件进行保价时，客户物品的声明价值允许超过物品的实际价值。（　　）

(3) 关于快件保价，对于不易确定和计量实际价值的快件，允许办理保价运输，一般设置最高限额。（　　）

(4) 在快件收派时，业务员必须提示客户阅读背书条款。（　　）

(5) 在进行快件包装时，主要看经过包装后的快件是否能够经受长途运输和正常碰撞、摩擦、震荡和压力以及气候变化等的影响而不致损坏。（　　）

(6) 对于重复利用旧包装材料，清除原有运单及其他特殊的快件标记后可以继续使用。（　　）

(7) 网点查询是快件的查询方式之一。（　　）

(8) 如果首次派送但尚未派送成功，该票快件不可撤回。（　　）

(9) 国家货币和有价证券允许寄递出境。（　　）

(10) 快件包装的检查方法——“感”，是指用手晃动快件，感觉寄递物品与包装物壁之间有无摩擦和碰撞。（　　）

10　快件处理

10.1　快件处理流程

收寄环节中快件的后续处理，只要是指快递业务员对收寄的快递进行在系统中扫描录入和集包建包等，主要包括以下几项工作：跟操作员交接扫描，快件信息录入，操作员根据发运路向进行集包或建包，车辆施封和发车。

（1）交接快件。业务员把包装好的快件带回到仓库跟操作员当面称重交接，操作员根据快件目的地在系统中扫描收入，同时操作员要对业务员包装的快件进行外包装的检查，对于不符合规格的快件要求重新包装好后再交接。

（2）运单信息录入。业务员把底单交给录单员，录单员根据运单信息，把运单上的寄件人姓名、寄件人电话、寄件地址、收件人姓名、收件人电话、收件地址等信息录入系统中，以便在网上查询。

（3）集包（或建包）。操作员根据业务员交接扫描后的快件按照发运路向分拣到相应的格口，把发往同一路向的快件集包（或建包），贴上包签后扫描装车。

（4）封车和发车。装车完毕后操作员给司机填开车线营运单，给车门（中门和后门）施加车辆封志并在系统中做发车操作。

10.2　总包交接

10.2.1　总包交接方法

接收进站总包是处理环节的总进口，分拣中心必须严格把关，一丝不苟地进行检查，守住“大门”。快递服务组织对总包交接实行“交接单”交接。交接时应以“交接单”上登记的内容或网上信息为准，并与总包实物进行对比。对于验收发现异常的总包，交接双方应当场及时处理，明确责任。

10.2.1.1　交接单

交接单是快递服务网络中运输和处理两个部门在交接总包时的一种交接凭证，是登记交接总包相关内容（如交接单号码、总包包号、发寄地、寄达地、总包数量、重量、快件种类等）的一种单式。有的快递企业也将交接单称为路单。

在快件处理过程中，交接单的功能基本相同，一般用于登记总包信息。有的交接单登记内容详细，有的只登记总包的数量及简要相关信息。

（1）交接单的使用范围。交接单主要用于三个总包交接环节：一是收寄、派送网点与分拣中心交接，二是快件运输环节与分拣中心或中转站交接，三是分拣中心或中转站与委托运输方交接。

1）收寄、派送网点与分拣中心之间使用的交接单，登列的内容主要是快件封发时间、发出站、接收站、封发人员、快件号码、收寄件人信息、重量、体积、件数、种类、车辆牌号、驾驶人员等。

2）干线汽车运输与分拣中心之间使用的交接单，登列的内容主要是车辆发出时间、始发站、经由站、终到站、总包快件数量、重量、驾驶人员等。

3）委托运输使用的交接单内容一般登记发出站、到达站、航班号或车次、数重量等。

在具体使用时，要按各快递企业的相关规定和要求正确填写。

（2）交接单的作用。交接单是快件业务处理的证明，记录两作业环节交接总包实际发生的情况。交接单也用于快递企业与委托承运部门或企业运费结算。交接单还用于明确两个作业环节之间总包交换的责任，是进行总包查询和赔偿的凭证。

10.2.1.2　总包接收

在快件传递过程中，总包接收是快件处理的重要环节。分拣部门上接收趟车和转运部门交来的总包快件，要点验总包数目、规格，与交办理快件及路单交接手续。

（1）总包接收工作内容。到站快件按运输工具的不同可分为汽车运输到站快件、航空运输到站快件、火车运输到站快件。只有汽车运输（自有）到站快件能直达分拣中心，其他运输方式还需场（分拣中心）站港盘驳，才能到达快件分拣中心。不管使用哪种运输工具，最后装载快件进入分拣中心的都是汽车。分拣中心场地人员在办理汽车到站快件接收时，需要进行以下工作。

1）引导快件运输车辆安全停靠到指定的交接场地。同时注意车辆和人身安全，特别要注意工作人员在引导车辆时不能站在车的正后方。

2）核对快件运输车辆牌号，查看押运送件人员身份。

3）检查快件运输车辆送件人员提交的交接单内容填写是否完整，有无漏项，章戳签名是否规范准确。

4）检查到站快件运输车辆的发出站、到达站/终到站、到达（开）时间，查看是否延误并在交接单上标明运输车辆实际到达时间。

5）检查车辆的封志是否完好，有无拆动痕迹，卫星定位系统记录有无非正常停车或非正常启动车门的记录。

6）核对总包的数量与交接单载明信息是否一致。如果总包的数量与交接单信息不符，需双方当面查清核实或在交接单上批注实收数量。

7）检查总包是否有破损等异常现象。对不符合标准的总包，双方应当面处理，记录情况。

8）交接结束时，在快件交接单上签名盖章。

（2）总包接收工作要求。

1）按车辆到达的先后顺序接收总包（有特殊规定的除外）。不同批次或车次的总包应该分别接收，不得混淆处理。接受操作快速、准确，应在规定时间内完成总包的接收处理。

2）总包接收处理要求两人或两人以上作业。接收总包时，收方负责逐包扫描，同时验视总包，复核总包数量、规格。交方负责监督总包的数量。

3）对总包进行逐包扫描称重，完毕后上传信息比对扫描结果，或将扫描信息与交接单内容进行核对。

4）发现总包异常或总包数量、路向等与信息不符，应及时、准确地做出处理或反馈。

10.2.1.3　总包接收验视

总包接收验视要求做到及时、准确、负责，也就是要求在尽可能短的时间内，准确地验视总包的数量、质量和包装，以认真负责的态度去对待验视。

（1）总包接收验视的意义。对总包验视包括对总包数量、质量和包装的验视，即复核总包数量是否与交接单相符，规格、牌号等有无差错，总包的质量是否符合规定的要求，总包包装能否保证在储存和运输过程中的安全。因此，总包接收的验视具有重要的意义，具体表现如下：第一，可以分清交接双方的责任；第二，有利于采取适当的保护措施；第三，总包接收验视是接收方提出退回总包或者重新包装的依据；第四，可以防止劣质快件进入流通渠道，保证快件质量。

（2）总包接收验视方法。在接收总包时，应对总包做以下方面的验视：

1）总包发运路向是否正确。

2）总包规格、重量是否符合要求。包牌或封志是否有脱落或字迹不清、无法辨别的现象。

3）总包是否破损或有折动的痕迹，是否有水湿、油污等现象等。

在快件的总包交接过程中，如发现物流快件外包装箱有严重挤压、破损、水湿，或有人为撕破、打开的痕迹，可能造成内件损坏或短少的，交接双方就地验同开拆（另有约定的除外），根据“装箱清单”清点内件数量、验视内件包装有无破损，如有不符，应在路单和袋内清单上批注并共同签证，收方应向封发局缮发验单，并附寄相关封志、袋牌等以作证明，同时，将验视结果告知发件人。然后，经妥善包装后，附验、套袋加封发往前途。若属于外包装箱一般性刮、碰、挤压或水湿，内件没有外露，且目视不致造成内件损坏、丢失的，可在相关单证上批注后，继续发往前途。

10.2.2　车辆封志

为防止车辆在运输途中被打开，保证已封车辆完整地由甲地运到乙地，固封在快件运输车辆车门一种特殊封志，称为车辆封志。其为快件运输途中保证安全、明确责任的重要手段。随着信息技术的发展，可利用全球卫星定位系统（GPS）来监视快件运输车辆的车门，GPS 可记录车门打开的信息，可用来确定车门是否被无故打开，从而提高快件运输过程中的安全性。

10.2.2.1　车辆封志种类

车辆封志大体上可分为两大类：一类是实物封志；另一类是信息封志。

（1）实物封志。实物封志是目前绝大多数快递企业普遍使用的封志，成本较低，但是操作相对烦琐，且大多不能重复使用。

从材质上可以将实物封志分为三类：一是纸质类，如封条、封签等；二是金属类，如铅封、施封锁等，如图 10-1 所示；三是塑料类，一般称塑料封志，如图 10-2 所示。

而经常被快递企业所使用的是金属类和塑料类的封志。

图 10-1 一般金属封志

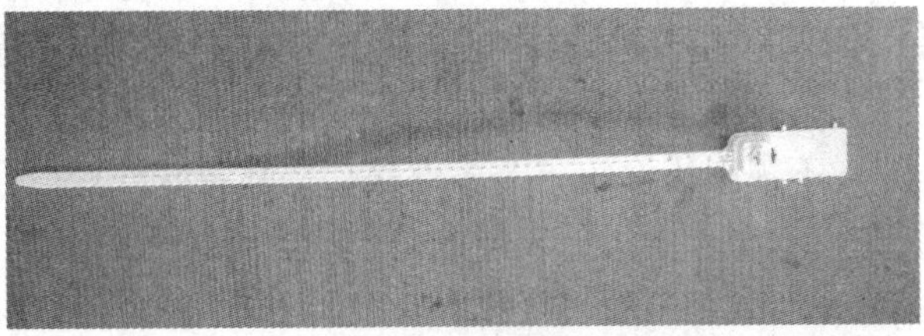

图 10-2 塑料封志

（2）信息封志。信息封志是全球卫星定位系统（GPS）与地理信息系统（GIS）相结合的信息记录。它可以通过即时记录车辆的运行和车门的开关来明确责任，起到一种威慑作用。信息封志操作简单，但是技术要求高，且投资大。

10.2.2.2 拆解车辆封志

车辆封志类型不同，拆解方法也不同。对于金属封志、铅封、塑料封志等，使用剪刀或专用钳来拆解封志，剪开封绳；对于施封锁，使用施封锁专用钥匙开启，拆封人员应妥善保管钥匙以备查询及循环使用。

拆解车辆封志的步骤：首先要认真检查封志是否已被打开，封志上的印志号码或封志标签是否清晰可辨。如果铅封印志模糊或者塑料封志反扣松动能被拉开，就必须在交接单上进行批注。然后扫描封志上的条形码并与上一环节所发信息比对，如果是手工登记，则需与交接单内容进行核对。最后拆解，这时要注意不得损伤封志条形码或标签。

10.2.3 总包安全卸载

将进站总包从快件运输车辆上卸载到处理场地的作业过程，称之为总包卸载。卸载总包时要注意快件的安全。各快递企业的实际操作往往是总包卸载和总包交接验收同时进行，目的是提高作业效率。

10.2.3.1 总包卸载作业要求

（1）按照要求卸载总包，不得有任何可能损坏快件的行为，如抛掷、拖拽、摔打、踩踏、踢扔、坐靠等。卸载时，总包袋口不得拖地。

（2）对于贴有易碎品标志的总包单件要轻拿轻放，放置时需要注意的是，在快件底部低于作业面 30cm 的时候才能放手。

（3）卸载破损总包时，应注意保护内件，避免二次损坏快件。

（4）使用机械或工具辅助卸载，应正确操作卸载机械或工具，禁止任何有可能损坏快件的操作，尤其禁止野蛮粗暴操作。

（5）遇到雨雪天气，应做好防水防潮及受潮物品处理工作。一旦遇有受潮快件，应妥当处理，严禁挤压，并烘干受潮物品。

（6）总包卸载后，应区分直达与中转路向、手工与机械分拣快件，并按堆位分别码放。码放时做到重不压轻，大不压小。码放的总包应有序、整齐、稳固，总包袋口一律向外。

（7）为防止码放时砸坏轻件、小件，偏大、偏重的总包单独码放或码放在底层，易碎物品、不耐压的快件应放置顶层或单独码放。此外，对标有不准倒置、怕晒、怕雨、禁止翻滚、堆码重量和层数受限的快件，应按操作标准进行作业。

（8）码放在拖盘、拖车、拖板上的总包，其高度一般不超过把手。

（9）不规则快件、一票多件快件、需特殊处理以及当面交接的快件都应单独码放。

（10）水湿、油污、破损的总包应交专人进行处理。

（11）卸载结束后，接收人员应检查车厢和场地周围有无其他遗留快件。

10.2.3.2　总包卸载作业安全要求

（1）应该在车辆停靠稳妥后再进行卸载作业，进出车厢应使用防护扶手，避免摔伤。

（2）为了避免身体受到伤害，着装一定要规范，防护用品佩戴要齐全，如佩戴专用防护腰带、穿好防护鞋。以下情况要戴专用防护手套：卸载金属包装或表面不光滑、带有尖锐物包装的快件，以及其他任何有可能造成伤害的快件。

（3）卸载体积偏大、偏重的总包快件，应双人或多人协同作业，在必要时使用设备卸载。

（4）对于卸载快件中有内件物品破损并有渗漏物，如：液体、粉末状固体、半固体状物品，或者疑似有毒、剧毒、不明化工原料，必须使用专用防护工具、用品和防护设备进行隔离，不得用身体直接触摸或鼻嗅。

（5）如果将卸载总包堆码在手动运输的托盘、拖车、拖板上，堆码重量不得超过设备承载的限定要求，堆码宽度应小于底板尺寸。为了防止在快件倒塌时被砸伤，对于托盘、拖车，堆码高度不应高于托盘和拖车；对于拖板，堆码高度不应高于标准人体高度。

（6）在运输时使用托盘和拖车应分清车头车尾，不得反向操作。拉运快件时应目视前方，不得左顾右盼。卸载所用到的机械或工具，不得载人。

10.2.4　包装储运标志

包装储运标志的主要作用是在储运过程中提醒作业人员识别货物，合理操作。

10.2.4.1　标志的尺寸和颜色

（1）标志尺寸。标志外框为长方形，其中图形符号外框为正方形，尺寸一般分为四种，见表10-1。如果包装尺寸过大或过小，可等比例放大或缩小。

表10-1　一般标志尺寸表

序号	图形符号外框尺寸/mm×mm	标志外框尺寸/mm×mm
1	50×50	50×70
2	100×100	100×140
3	150×150	150×210
4	200×200	200×280

（2）标志颜色。一般为黑色，如果包装的颜色使得黑色标志显得不清晰，则应在印刷面上用适当的对比色，最好以白色作为图示标志的底色，必要时，标志也可使用其他颜色。除非另有规定，一般应避免采用红色、橙色或黄色，以免同危险品标志相混淆。

10.2.4.2　标志的使用方法

（1）标志的打印。可采用印刷、粘贴、拴挂、钉附及喷涂等方法打印标志。印刷时，外框线及标志名称都要印上；喷涂时，外框线及标志名称可以省略。

（2）标志的数量和位置。一个包装件上使用相同标志的数目，应根据包装件的尺寸和形状决定。标志在各种包装件上的粘贴位置：

1）箱类包装位于包装端面或侧面。

2）袋类包装位于包装明显处。

3）桶类包装位于桶身或桶盖。

4）集装单元货物应位于四个侧面。

10.2.4.3　包装运输标志的分类

按其用途可分成运输标志（Shipping Mark）、指示性标志（Indicative Mark）、警告性标志（Warning Mark）、重量体积标志和产地标志。下面主要介绍常见的指示性标志与警告性标志。

（1）指示性标志。是一种操作注意标志，以图形和文字表达，如小心轻放、由此起吊、禁止翻滚等。为保证快件安全，防止快件内容在卸载、装载、搬运过程中被损坏或损毁，对搬运有特殊要求的物品都在快件包装箱的侧面或包装箱的角上贴有指示性标志，提示搬运人员按规定搬运。

（2）警告性标志。又称危险品标志，指在易燃品、爆炸品、有毒品、腐蚀性物品、放射性物品的运输包装上标明其危险性质的文字或图形说明。

10.3　总包拆解

总包拆解作业，就是开拆已经接收的进站快件总包，将快件由总包转换为散件。开拆总包时，对封扎总包袋口的扎绳必须严格按规定操作；对总包空袋的袋身必须严格检查，并妥善保管，不得随意乱扔。这是因为总包拆解实质上是对总包内快件的接收，交接双方不是面对面的当场交接，而是一种“信誉交接”。为了能够分清交接双方的责任，要求对上一环节封装的快件总包开拆后，还能恢复其“原始状态”。这样，一旦出现问题件，有利于辨明拆封双方的责任。

10.3.1　总包拆解方法

总包拆解主要分人工拆解和机械拆解两种方式。

10.3.1.1　人工拆解总包

人工拆解总包的操作步骤及要求如下：

（1）验视总包路向，对误发的总包不能拆解，应剔除出来交作业主管。

（2）检查快件总包封装规格。扫描包牌条形码信息，扫描不成功或无条形码的，手工键入总包信息。

（3）拆解铅封时，剪断总包封口封志的扎绳，只剪断一处，不要损伤其他部分，保持包牌在绳扣上不脱落。拆解塑料封扣时，应在拴有包牌一面的扣齿处剪开，以保证包牌不脱落。

（4）倒出快件后，应利用“三角看袋法”或翻袋等方式检查总包空袋内有无遗留快件。为了保证袋内不遗留快件，每开完一袋后要随即用手将袋口撑开，采用“三角看袋法”，即用两手拿住袋口边沿，以肘撑人，将袋皮支撑成三角形，仔细查看袋内有无遗留快件，不得在开拆后将袋倒扣替代查看。

（5）检查由总包包签所填写的内容是否正确，然后将快件封发清单整齐存放。

（6）如有易碎快件，必须轻拿轻放。

（7）破损、水湿、油污、内件散落等快件以及不符规格的快件应及时交作业主管处理。

（8）区分手工分拣和机械化分拣快件，将需要机械分拣的快件运单向上、顺序摆放。超大、超重不宜机械分拣的快件及破损、易碎物品的快件要单独处理。

（9）拆解结束时，检查作业场地有无遗留快件和未拆解的总包。

10.3.1.2 机械拆解总包

利用机械设备把总包悬挂提升，实现人机结合拆解总包的方式称为机械拆解总包。利用机械拆解可以大幅度减轻拆解人员的劳动强度，提高劳动效率。目前，快递企业采用的总包拆解机械设备主要有简易提升机（电动葫芦）、推式悬挂机等。

（1）机械设备使用安全要求。

1）作业前，操作人员应按要求着装，留有长发的女工要把头发盘起，戴好工作帽，头发不能外露，以免卷入机器。

2）设备开启后，检查本工作台设备运行是否正常。

3）如果快件总包体积、重量超过规定限度，不得使用机械拆解，要用手工方式处理。

4）根据拆解出快件的体积和重量按设备的使用要求分类摆放。

5）严禁将其他与设备无关的物品放在设备上，不得使用任何物品刻画、摔打设备。

6）设备运转时，严禁无故使用急停开关或中断设备电源，严禁身体任何部位接触设备。

7）如果总包拆解设备出现非正常运转或停止运转现象，拆解人员均不得自行处理，应通知专业人员维修。

8）作业结束，关闭开启按钮，清理设备场地。

（2）机械式拆解总包的操作。

1）验视快件总包路向，将误发的总包剔除出来。

2）使快件总包袋鱼贯地进入开拆轨道，处理完一个总包后再开拆下一个总包。

3）拆塑料封志时，拴包牌一面的剪口在扣齿处，保持包牌不脱落。如果开拆用绳封的快件总包时，应该只剪断一股绳，不可损伤其他部分，保持包牌在绳扣处而不脱落。

4）扫描包牌条形码信息，扫描不成功或无条形码的手工键入总包信息。

5）核对拆出的快件单号。

6）逐件扫描快件条形码，与接收的信息比对。

7）每个总包开拆完毕后，将快件（贴有运单的一面向上）整齐放到传输机传输分拣。

8）拆解易碎物品总包时，调整升降高度，将总包袋口接近工作台，轻轻地取出快件，检查快件有无水湿、渗漏、破损等情况。

9）如果快件总包内有保价快件、优先快件，验视快件包装，将运单填写的内装物品名称与清单核对，单独封发处理。

10）将不能机械化分拣的快件，转交其他工作人员进行手工处理。

11）快件总包拆解完毕后，检查总包空袋内有无遗留快件。然后将总包空袋移出作业台。拆解时遇到问题件应及时通知主管处理。

12）拆解结束，注意拆解实际件数（拆解系统统计）与系统信息进行比对。

13）工作结束，关闭设备电源，退出拆解系统。检查作业场地周围有无遗漏快件，清扫作业场地，上交扫描用具、专用钳等用品用具，集中保管。

10.3.2 快件处理场地整理要求

在快件处理过程中要注意用品用具的整理。具体有以下要求：

（1）拆下的包牌、封志应放在专用箱内。

（2）拆下的快件封装杂物或绳等应放在专用箱内。

（3）区分一次性使用和循环使用的总包，将完好的总包空袋按型号和材质整齐叠码堆放；将破损、水湿、油污的总包空袋放到指定位置。

（4）清理总包空袋上粘贴的快件总包条形码签，并存放在指定区域待用。

（5）作业结束，检查场地有无散落空袋。

10.3.3 快件处理场地安全要求

在快件处理场地每天都有大量快件经过多名操作人员处理完成作业。为保障快件安全和信息安全，快件处理场地有以下几点安全要求：

（1）不得泄露和私自抄录快件封面所列收、寄件人的地址、姓名。

（2）严禁将快件带离处理场地。

（3）任何人不得将私人拎包（袋）带进处理现场。

（4）快件处理场地配设存放工具、业务单证和用品的专柜或抽屉，不准存放私人物品。快件处理场地内不得设有更衣室，更衣室必须与现场严格分离。

（5）发现隐匿、毁弃或非法开拆他人快件的行为，应及时向处理场地主管报告。

（6）发现封装破损或裂口的快件，应交专人处理，不得擅自处理或置之不理。

（7）班次结束，未处理的快件应交给接班人员接管或交由专人保管。

（8）快件处理场地内不得使用明火、电热杯、电炉等。快件处理场地不得存放易燃、易爆和强腐蚀性物品。

（9）应防止快件被水湿、污染等情况发生，同时，长时间滞留或留存快件应防鼠咬。

（10）快件处理场地应设置监视系统。

（11）发现安全隐患或设备非正常运转时，应及时向场地主管报告。

10.3.4　快件处理场地消防安全

客户交寄的快件大部分是可燃物，快件处理场地一旦失火，就会迅速蔓延，造成严重损失。为保障客户利益和企业效益不受损失，保护人身和财产安全，快件处理场地要配备一定数量的灭火器材，而且要保证每名作业人员掌握一定的防火知识，了解灭火器材的放置地点，并能熟练掌握灭火器材的使用方法。

10.3.4.1　防火组织领导及职责

（1）场地的防火安全工作，在大区的领导下，建立场地一级消防安全组织，场地站长为防火安全的第一负责人，制定消防安全计划，落实消防安全责任。

（2）确定一名场地行政领导具体负责日常检查工作，对不安全的隐患及时研究整改，解决不了的问题要及时上报大区，未解决前要有严密的防范措施，“死盯死守”直至隐患排除。

（3）场地的消防安全组织，应做好如下工作：消防安全教育、火源管理、电源管理、储存管理、消防设施管理以及消防器材的使用和消防演练。

（4）场地的消防安全教育是每个员工上岗的必修课，要求每个员工必须懂得场地消防工作的重要性，具有消防安全的责任感；与场地签订防火安全责任书。

（5）每个员工必须管理好本岗位的消防器材，学会灭火器的使用和维护，参加场地组织的消防演练。

10.3.4.2　火源管理

（1）场地内必须严格区分仓库作业区和生活办公区，仓库作业区以内均属禁火区，办公室、员工休息室没有与库区严格分开的，禁止在室内、外吸烟和使用明火等。

（2）仓库作业区内不准进行任何动用明火的维修、封焊作业，因特殊需要作业的，事先必须填写“临时动火作业申请表”，经场地防火负责人同意，方可施工。

（3）进行明火作业前，场地防火负责人必须制定出扑火方案，备足消防器材，并派人到现场监护。作业结束后，及时清理现场，切实查明无火种和其他隐患后方可离开。

10.3.4.3　电源管理

（1）库房安装生产用电气设备，必须按公安消防部门的有关规定报批、安装、验收、使用。

（2）库内电气设备在使用期间除经常检查外，每年至少进行两次绝缘检测，发现可能引起打火、短路、发热和绝缘不良等问题应及时修理。

（3）场地的生产、生活用电必须按照设计规范由正式电工安装和维修，其他人员不得擅自拉线、安装维修电器。

（4）库内不准架设临时电线，必须使用时要经防火负责人同意，由专职电工操作，临时电线使用时间不宜过长，用后立即拆除。

(5) 叉车充电应在充电室由电工（或经培训合格的专人）操作。

(6) 每栋库房外单独安装电源分闸，为防雨水应在电源分闸处安装保护箱。

(7) 上下班和交接班时，各部门主管均应检查所用电器及电源等是否按规定启闭。

(8) 场地站台库、办公室、员工休息室不准使用电熨斗、电炉子、电烙铁等电气设备。

10.3.4.4 场地设施的管理

(1) 快件货物应根据不同性质分库、分区、分类、分垛储存，主要通道宽度不少于2m。

(2) 易燃易爆物品不得在普通仓库储存，性质互相抵触和灭火方法不同的物品不准混存。场地主管应随时掌握库存物品存放位置、货物名称、大致数量、物品性能和灭火方法。

(3) 因高温、高湿能引发自燃的非危险物品，在码盘、堆垛时采取通风堆码方法，要有专人定时测温，并适时通风、除湿排除隐患。

(4) 场地停车场、生活区办公用房和站台库内要经常保持整洁，对易燃物品要随时清理。

(5) 严禁汽油、柴油机动车辆进入站台库。进入库区作业的外部车辆不准加油、维修，不准在车上吸烟。

(6) 凡不准用火的区域都要设置明显的禁烟禁火标志。

10.3.4.5 消防设施的管理

(1) 快件处理场地（仓库）区域内应当按照《建筑设计防火规范》规定设置消防给水设施，保证消防用水供求。

(2) 根据库存物品的特性、失火特点、场地（仓库）范围的需要，配备数量充足、质量良好的消防设备和器材（按消防器材配置标准办）。

(3) 消防器材要本着集中与分散的原则安置在取送方便、明显的安全地点，实行定人管理、定点存放、定期检查和维修更新，消防器材不准挪作他用。

(4) 消火栓、灭火器材周围不得码放任何物品，保证使用时无障碍。

10.3.4.6 消防安全检查

(1) 场地防火负责人每月及重大节假日前要组织各部门进行一次防火安全检查；各部门主管每周组织员工对所在的办公室、休息室进行一次自查；仓库货运员应在每天下班后对库房巡视。

(2) 各级安全检查要建立检查记录，发现的问题记录在案，分析原因、制定整改方案和日期，没有条件解决的问题，除及时上报大区外，应采取临时防范措施，不使问题扩大或留患成灾。

(3) 检查中发现外部车辆将易燃易爆危险物品带入场地仓库区的，应立即令其离开。

(4) 场地站台库房内混存易燃易爆危险物品，应立即挑拣出来，向主管、质控员汇报。

(5) 未经批准在场地仓库区域进行明火作业的，应立即停止作业并将现场清理干净。

（6）站台库内消防安全通道被拥堵的，应立即疏散并将障碍物清除干净。

（7）消火栓、灭火器材被遮挡或挪移的，应立即清除恢复原状。

（8）消防设施管理、值班人员和防火巡查人员（如设专职防火员或保安员）脱岗的，应当场纠正并严肃处理。

10.3.5　灭火器的使用

根据国家标准 GB/T 4968—2008《火灾分类》的规定，将火灾分为 A、B、C、D、E、F 四类。A 类指固体物质火灾；B 类指液体或可融化固体物质火灾；C 类指气体火灾；D 类指金属火灾；E 类指物体带电燃烧的火灾；F 类指烹饪器具内的烹饪物（如动植物油脂）火灾。

灭火器的种类较多，常用的主要有泡沫灭火器、干粉灭火器、二氧化碳灭火器和卤代烷灭火器。快件处理作业现场通常配备手提式或推车式的泡沫、干粉灭火器。

10.3.5.1　泡沫灭火器和干粉灭火器的使用

（1）干粉灭火器适用火灾及使用方法。碳酸氢钠干粉灭火器适用于易燃、可燃液体、气体及带电设备的初起火灾；磷酸氨盐干粉灭火器除可用于上述几类火灾外，还可扑救固体类物质的初起火灾，但他们都不能扑救金属燃烧火灾。

灭火时，可手提或肩扛灭火器快速奔赴火场，在距离燃烧处 5m 左右，打开灭火器。如在室外，应选择在上风向灭火。扑救可燃、易燃液体火灾时，应注意对准火焰根部扫射。如果扑救的是液体火灾并且呈流淌燃烧时，应对准火焰根部由近而远左右扫射，直至把火焰全部扑灭。使用外挂储压式干粉灭火器，操作员应一手紧握喷枪（喷管），另一手提起储气瓶上的开启提环。如果储气瓶的开启是手轮式，则向逆时针方向旋开，并旋到最高位置，随即提起灭火器。当干粉喷出后，迅速对准火焰根部扫射。

使用磷酸氨盐干粉灭火器扑救固体可燃物火灾时，应对准燃烧最猛烈处上下左右扫射。为了使干粉灭火剂均匀地喷在燃烧物的表面，在条件许可的情况下，使用者可提着灭火器沿着燃烧物的四周边走边喷，直至将火焰全部扑灭。

（2）手提式泡沫灭火器适用火灾及使用方法。手提式泡沫灭火器适用于扑救一般 B 类火灾，如油制品、油脂等火灾，也可适用于 A 类火灾，但不能扑救 B 类火灾中的水溶性可燃、易燃液体的火灾，如醇、酯、醚、酮等物质的火灾，也不能扑救 C 类、D 类、E 类火灾。

手提式泡沫灭火器使用方法如下：

第一步，右手握着压把，左手托着灭火器底部，轻轻地取下灭火器；

第二步，用手抓住筒体上部的提环，快速奔赴火场，在奔跑中不得使灭火器过分倾斜，更不可横拿或颠倒，以免两种药剂混合而提前喷出；

第三步，到达着火点后右手捂住喷嘴，左手执筒底边缘，将筒体颠倒呈垂直状态，用劲上下晃动几下；

第四步，右手抓筒耳，左手抓筒底边缘，把喷嘴朝向燃烧区，站在离火源 8m 的地方喷射，并不断前进，围绕着火焰喷射，直至把火扑灭。在扑救液体火灾时，注意不要直接对准液面喷射，以免由于射流的冲击，反而将燃烧的液体冲散或冲出容器，扩大燃烧范围。在扑救固体物质火灾时，应将射流对准燃烧最猛烈处。

第五步，灭火后，把灭火器卧放在地上，喷嘴朝下。

10.3.5.2 灭火器的保存

(1) 干粉灭火器存放时应注意不能靠近热源或日晒，注意防潮，定期对驱动气体进行检查。

(2) 泡沫灭火器应存放在干燥、阴凉、通风并取用方便的地方，不可靠近高温或可能受到暴晒的地方，以防止碳酸分解而失效；冬季还要采取相应的防冻措施。

(3) 二氧化碳灭火器存放时严禁靠近热源，用称重量法定期检查灭火剂是否泄露，或定期查看压力表，确定压力在有效范围。

10.3.6 条形码识别技术

快递是劳动密集度的行业，国内民营快递业起步时几乎全部靠人工完成。随着外资快递公司进入国内市场及货量的增长，人工操作已不能满足业务需求、安全需求。因此，条形码识别技术逐渐在快递企业中普及。

常见快件条形码签条具有上下两行，上行为机读的条形码，下行为汉字和阿拉伯数字标注快件类别、编号、发件网点地名、邮政编码等。扫描条形码的目的是进行信息录入。

10.3.6.1 条形码扫描设备的发展

扫描设备在快递业的发展可分为三个阶段。

第一阶段使用的是卡座式扫描枪（有线），功能主要是将条形码扫描至计算机系统，通过计算机上传数据。目前主要用于集散中心和站点。

第二阶段是无线扫描设备，主要功能是扫描条形码、上传数据，主要用于递送员和站点。

第三阶段是PDA，除扫描和上传数据等简单功能外，还可以采集电子签名、编码查询等，以及连接公司的操作业务系统，如连接调度系统以接受取件指令，或连接查询系统进行快件查询等，主要供递送员使用。

在扫描器应用方面，外资快递企业较为领先，一般都使用无线的扫描设备。目前，从事国内快递的联邦快递已经普及无线扫描设备，EMS、顺丰速运、圆通、申通和宅急送等公司的递送员也使用了该设备。其他快递公司还在使用有线和无线扫描枪，并仅限于在公司内部使用，递送人员很少配备，快件的数据采集是由递送人员取件回公司后由专门人员完成上传。

10.3.6.2 常用的快件条形码识读设备

在总包拆解过程中，涉及扫描包牌条形码信息和扫描快件条形码，以进行相关信息的核对。以下介绍几种常见条形码识读设备。

常用的快件条形码识读设备有手持式枪型条形码阅读器、激光自动扫描器、便携式条形码阅读器、卡式条形码阅读器等。

（1）手持式枪型条形码阅读器（图 10-3）。枪内一般都装有控制扫描光束的自动扫描装置。阅读条形码时不需与条形码符号接触，因此，对条形码标签没有损伤。扫描头与条形码标签的距离短的在 0~20mm 范围内，长的可达到 500mm 左右。枪型条形码阅读器具有扫描光点匀速的优点，因此，阅读效果比光笔扫描枪要好。扫描速度快，每秒可对同一标签的内容扫描几十次至上百次。

（2）激光自动扫描器（图 10-4）。激光自动扫描器的最大优点是扫描光照强，可以远距离扫描且扫描景深长。激光扫描器的扫描速度高，有的产品扫描速度可以达到 1200 次/s，这种扫描器可以在百分之一秒时间内对某一条形码标签扫描阅读多次，而且可以做到每一次扫描不重复上次扫描的轨迹。扫描器内部光学系统可以将单束光转变成十字光或米字光，从而保证被测条形码从各个不同角度进入扫描范围时都可以被识读。

图 10-3　手持式枪型条形码阅读器

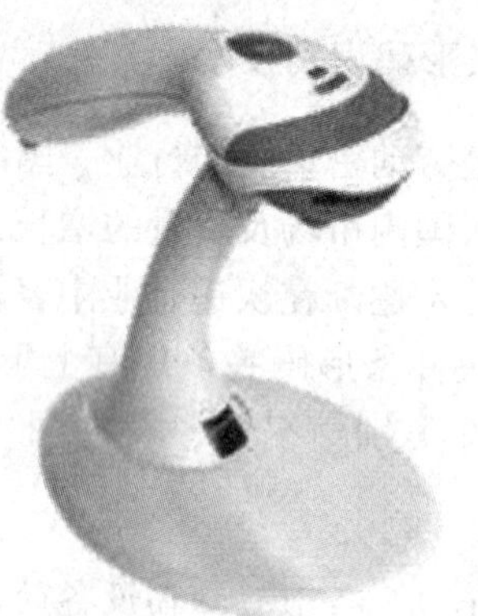

图 10-4　激光自动扫描器

（3）便携式条形码阅读器（图 10-5）。便携式条形码阅读器一般配接光笔式或轻便的枪型条形码扫描器，有的也配接激光扫描器。便携式条形码阅读器本身就是一台专用计算机，有的甚至就是一台通用微型计算机。这种阅读器具有对条形码信号的译解能力。条形码译解后，可直接存入机器内存或机内磁带存储器的磁带中。阅读器具有与计算机主机通信的能力。通常，它本身带有显示屏、键盘、条形码识别结果声响指示及用户编程功能。使用时，这种阅读器可以与计算机主机分别安装在两个地点，通过线路连成网络，也可以脱机使用，利用电池供电。这种设备特别适用于流动性数据采集环境。收集到的数据可以定时送到主机内存储。有些场合，标有条形码信息或代号的载体体积

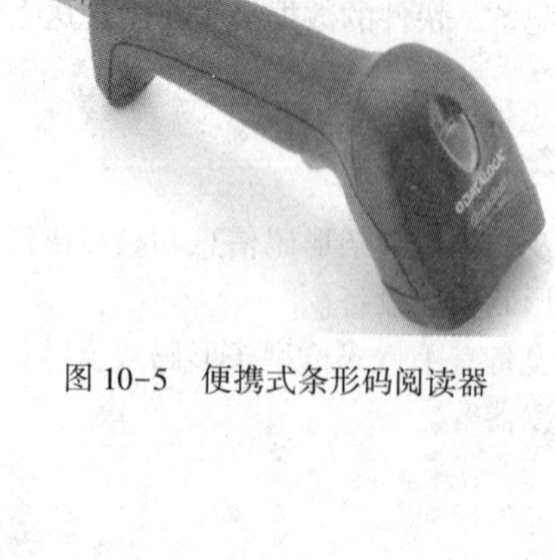

图 10-5　便携式条形码阅读器

大，比较笨重，不适合搬运到同一数据采集中心处理，这种情况下，使用便携式条形码阅读处理器十分方便。

（4）卡式条形码阅读器（图 10-6）。卡式条形码阅读器可以用于医院病案管理、身份验证、考勤和生产管理等领域。这种条形码阅读器内部的机械结构能保证标有条形代码的卡式证件或文件在插入滑槽后自动沿轨道做直线运动，在卡片前进过程中，扫描光点将条形码信息读入。卡式条形码阅读器一般都具有与计算机传送数据的能力，同时具有声光提示以证明识别正确与否。

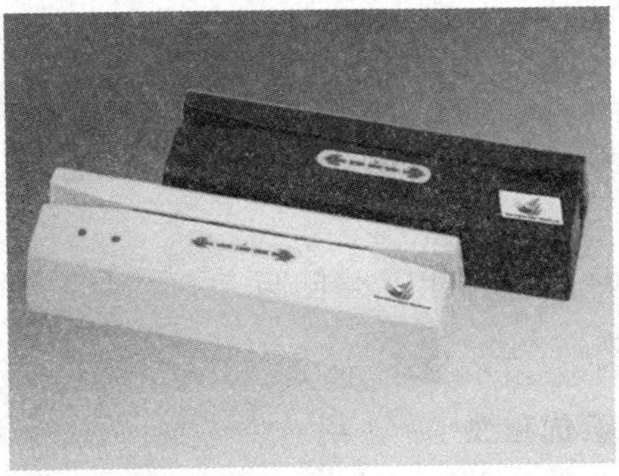

图 10-6 卡式条形码阅读器

10.3.6.3 条形码识读设备操作步骤

条形码识读设备的原理是通过光照射快件运单条形码，经过光电波和电信号等转换成数字信号，从而在计算机中形成快件条形码信息和相关信息。条形码识读设备操作主要步骤如下。

（1）按电源键开启，检查条形码识读设备运行状态是否正常，电量是否正常、充足。

（2）登录信息处理操作界面后，选择相应的操作模块，输入操作员工号、密码。

（3）逐件扫描快件条形码，扫描时条形码设备发出的激光束应与条形码垂直，以便条形码完全被激光束覆盖。

（4）若扫描无效，可以尝试变化扫描距离。对于扫描失败或污损无法扫描的条形码，手工键入条形码信息。

10.3.6.4 条形码识读设备拆解总包的基本操作界面

各快递企业的业务操作不同，导致了相应的操作程序也不同。现以某快递企业“开拆比对”为例，对操作程序和操作界面做简单介绍。

按条形码识读设备的电源键开机后，首先检查屏幕下方显示的电量是否充足，进入操作主界面后，选择拆解总包操作功能（模块）界面，输入操作员工号和密码。在拆包等扫描时，根据总包的来源选择拆直达总包或拆中转总包。例如，选择“拆直达总包”后，先扫描总包包牌或包签的条形码，然后进入扫描快件操作界面，将条形码识读设备阅读端口横向对准快件条形码，在距条形码 5~15cm 扫描：如果扫描成功，设备“蜂鸣器”就会发出确认操作提示声音，可按 CLR 键返回上级菜单继续扫描下一个快件；如果扫描不成功，设备会发出另一种提示声音，这时就要重新扫描甚至需要手工键入。

如果扫描错误，需要进入删除界面删除信息，对准原扫描的错误条形码重新扫描，执行删除操作；扫描操作结束后，数据上传操作系统进行比对。

10.3.6.5　条形码识别技术的局限性

条形码识别技术应用非常广泛，大大提高了物流效率。但是条形码在使用中仍存在局限性，具体有以下几点。

（1）信息标识是静态的。

（2）信息识别是接触式的。

（3）信息容量是有限的。

（4）不能给每个消费单元唯一的身份。

（5）集中的数据存储、计算。

（6）二维条形码只解决了信息标识容量问题。

（7）识别信息相对烦琐。

10.3.7　RFID 标识技术及其优越性

射频识别技术（Radio Frequency Identification，RFID）是目前国际上发展很快的一项新技术，是一种通过向射频兼容的集成电路发射电磁波实现数据存储和恢复的一种手段。尽管目前出现了不同应用的各种器件及系统，如电子车牌、物流标签等，但它们的原理是一样的，即通过无线电技术手段实现人们对各类物体或设备（人员、物品）在不同状态（移动、静止或恶劣环境）下的自动识别和管理。

在运单识别方面，目前普遍采用条形码技术，RFID 技术尚未普遍应用。随着成本的降低，RFID 技术将得到广泛应用。2008 年 2 月，北京邮政速递局航空快件交换站启动了 RFID 生产实测工程，目的是实现京、沪、穗三地国内速递本局进出口总包快件 RFID 袋牌的自动识读、点数和交接，同时实现 RFID 总包数据在两个子系统中的“机内勾核”。DHL 也计划于 2015 年前在包裹上贴 RFID 标签。

RFID 在本质上是物品标识的一种手段，它被认为将会最终取代现今应用非常广泛的传统条形码，成为物品标识的最有效方式，它具有一些非常明显的优点。与条形码功能对比，RFID 在标签信息容量大小、一次读取数量、读取距离远近、读写能力更新（标签信息可反复读写）、读取方便性（读取速度与可否高速移动读取）、适应性（全力位穿透性读取、在恶劣环境下仍可读取，全天候工作）等方面都大大优于条形码。RFID 技术拥有良好的功能特性，能满足当前社会经济发展对商品处理的高效性需求。射频识别技术作为快速、实时、准确采集与处理信息的高新技术和信息标准化的基础，通过对实体对象（包括零售商品、物流单元、集装箱、货运包装、生产零部件等）的唯一有效标识，被广泛应用于生产、零售、物流、交通等各个行业。RFID 技术已逐渐成为企业提高物流供应链管理水平，降低成本，实现企业管理信息化，增强企业核心竞争能力不可缺少的技术工具和手段。

射频识别系统利用射频标签承载信息，射频标签和识读器间通过感应、无线电波或微波能量进行非接触双向通信，达到自动识别的目的。

射频识别技术最突出的特点是。

（1）读写迅速。条形码一次只能有一个条形码受到扫描。RFID 识别器可同时辨识读取数个 RFID 标签。

（2）读写距离远。在被覆盖的情况下，RFID 能够穿透纸张、木材和塑料等非金属或非透明的材质，并能够进行穿透性通信。而条形码扫描机必须在近距离而且没有物体阻挡的情况下，才可以辨读条形码。

（3）可重复使用。现在的条形码在印刷上去以后就无法更改，RFID 标签则可以重复地新增、修改、删除。

（4）芯片本身可以存储信息。一维条码的容量是 50 字节，二维条码最大的容量可储存 2000~3000 字符，RFID 最大的容量则有数兆。随着记忆载体的发展，数据容量也有不断扩大的趋势。未来物品所需携带的资料量会越来越大，对卷标所能扩充容量的需求也相应增加。

（5）传统条形码的载体是纸张，容易受到污染；RFID 对水、油和化学药品等物质具有很强抵抗性。此外，由于条形码是附于塑料袋或外包装纸箱上，所以特另容易受到折损；RFID 卷标是将数据存在芯片中，可以免受污损。

据某局快件处理部门工作人员反映，由于部分网点封发过来的总包包牌规格不符，在快件处理过程中电子扫描枪无法识读出相关总包条形码标签的信息。为保证出口总包实物与信息相符，每天不得不进行不少补救工作，既延误了时间，又浪费了人力。

据了解，问题主要发生在以下几方面：一是总包条形码标签贴错袋牌，张冠李戴；二是使用印刷字迹的透明胶带纸粘贴在带有总包条形码标签的袋牌上，妨碍了电子扫描枪的识读；三是条形码标签未粘贴牢固，致使在运递过程中脱落。

为避免发生上述情况，在出口总包的封发过程中应注意做好几个方面的工作。

（1）及时发送总包信息，消灭无总包信息的问题。

（2）须将在支局电子化系统中打印生成的总包条形码标签按一袋一单粘贴到相应的总包包牌指定位置上，避免产生错贴条形码标签的问题。

（3）牢固粘贴总包条形码标签，撕去条形码标签背面一层纸，将背胶部分牢固贴在总包包牌上。如发现背胶质量有问题，可使用订书钉在条形码标签空白处予以加固，避免条形码标签脱落。

（4）提醒习惯使用透明胶带固定条形码标签的员工注意：分公司经常用透明胶带来粘贴固定条码标签，将这种胶带粘贴在总包条形码标签上，必将影响下一环节电子扫描枪对其信息的识读。所以，最好不要使用此类胶带纸，如果使用也要避开条形码区。

10.4 快件分拣

快件分拣工作是快件处理过程中的重要环节，快件处理人员只有掌握了相关的地理知识、地址信息，信息录入方法等才能避免错分提高工作效率，保证快件按预计的时限、合理的路线及有效的运输方式送达客户。

快件分拣主要是指分拣人员按照快件封面所贴详单地址，将相关快件按类进行归置的过程。一般是将快件投放到规定的隔口内如图 10-7 所示。

图 10-7　快件分拣

10.4.1　快件分拣作业

10.4.1.1　快件分拣作业流程

为保证快件及时准确地传递，在速递出口分拣封发环节，相关工作人员必须严格按照以下流程作业。

（1）总包接收。分拣部门接收趟车和转运部门交来的快件，点验总包数目、规格，与交方办理快件及路单交接手续。速递系统与营业系统和中心局系统已实现互联互通的，同时接收网上路单信息。转运作业与分拣作业为流水线方式的，总包快件由转运部门接收后，分拣部门直接进行开拆作业，不再进行点验接收处理。

（2）总包勾核。分拣部门接收转运部门交来的总包，点数正确则无需勾核，分拣部门直接接卸趟车和快班汽车快件的，应利用中心局生产作业系统进行总包扫描勾核。

（3）总包开拆。

1）开拆总包。开拆快递总包，点验内件数目、规格，扫描袋牌条形码，系统核对快件信息。

2）内件勾核。逐件扫描散件条形码，与系统快件信息进行勾核。如果系统无该单号，则逐件扫描补录开拆快件运单号。

（4）整理快件。开拆人员应根据机器分拣和人工分拣作业的要求整理快件。

（5）分拣质量检查。质检员随机抽查人工或机器的分拣质量。分拣作业完毕后，应对现场进行检查。现场检查工作应该由当天作业的负责人进行，检查应按顺序和步骤进行，以及时避免快件漏分拣或者各种作业工具遗失的情况发生。

（6）发验处理。对总包接收、开拆或内件勾核、分拣过程中发现各类不符合情况要进行发验处理。

10.4.1.2　快递分拣操作要求

快件的分拣操作应严格按照快件的直封和中转关系，依据地址、编号等信息，依照操作规程进行。

（1）场地要求。快件的分拣封发工作是快件整个传递过程中重要的一环。快件的分拣、封发必须是由专门的生产组织在专门的场地设置专门的台席处理。

（2）时限要求。快件的分拣、封发必须严格执行传递处理频次时限的规定。作业计划要以最大限度缩短快件在场所内的处理时间原则，按规定的航班或车次赶发快件，不得任意提前封发。

（3）保密要求。分拣、封发作业要执行通信保密的有关规定，严密快件管理，实行封闭式作业。快件总包开拆，须由两人会同开拆、处理和封装。

（4）安全要求。在快件分拣过程中，分拣人员必须严格按照安全生产操作规定进行操作，注意操作中的设备安全及人身安全。

10.4.2　快件分拣方式

10.4.2.1　快件分拣的直封和中转

为了科学合理地进行分拣，各快递企业会依据快件流量、流向的变化以及运输和网络结构因素，在一定时间内确定快件是直封还是中转。

（1）直封。直封是指快件分拣中心按快件的寄达地点把快件封发给到达城市分拣中心的一种分拣方式。这种分拣方式一次就可分拣、封发完毕，直接进行快件的派送处理。

（2）中转。中转是指快件分拣中心把寄达地点的快件，封发给相关的中途分拣中心，经再次分拣处理后，封发给寄达城市分拣中心的一种分拣方式。这种分拣方式可使快件处理量相对集中，便于合理组织处理快件和采用机械设备分拣。

10.4.2.2　手工分拣和机械分拣

为缩短内部处理时限、提高作业效率和便于组织管理，国内快件根据不同的处理场地、设备条件等，可分别采用手工分拣和机械分拣两种分拣方式进行分拣。

（1）手工分拣。手工分拣一般在所需分拣快件量较少不需上机分拣的情况下或没有配备分拣机的分拣中心采用该方式可以完成快件的初分和细分。

（2）机械分拣。机械分拣可分为半自动机械分拣和全自动机械分拣。

1）半自动机械分拣是人机结合的一种分拣方式，一般是通过传输装置将待分拣快件传输到接件点，再由操作人员将分拣到位的快件取下。这种方式能连续不断地作业，可减轻操作人员劳动强度，提高分拣效率。

2）全自动分拣机分拣指由分拣机根据对分拣信号的判别来完成快件分拣的一种方式，能实现连续、大量的分拣，可以做到信息采集准确，分拣误差较小，基本实现无人化，大幅提高了劳动效率，如图10−8所示。

图 10-8　全自动分拣机

10.4.3　常用分拣设备

10.4.3.1　分拣格口

分拣格口是分拣的基本单元，如图 10-9 所示。

图 10-9　分拣格口

A　分拣格口的设置

分拣格口的设置是否合理影响着分拣工作的效率，需要注意以下几点：

（1）分拣格口的设置要求。

1）分拣段落要清楚，便于记忆，便于分拣。

2）每个段落业务量和直封格口多少要均衡。

3）对快件量大的城市局，初拣段设立专格，以后不再分拣。

（2）分拣格口设置方法。

1）按照路由划分。特点是路线固定，便于记忆。

2）按照网络车车次划分。特点是可以减少漏发。

3）按照行政区域划分。特点是简单明确，初拣容易。

B 应用分拣格口进行分拣作业

（1）分拣时站位距分拣格口一般为60~70cm，一次取件20件左右。

（2）右手投格时，左手拖住快件右上角，左臂拖住左下角，或左手拖住左下角，拇指捻件，右手投入并用中指轻弹入格。

（3）分拣后，运单的一面向上并且方向一致。

（4）分检出其他分拣区域的快件时，应及时互相交换。

10.4.3.2 分拣架、筐

快件按形状可分为信件型快件和包裹型快件。手工分拣信件型快件大多采用框架结构、每组规格统一、均匀分布的分拣架。材质可为木质、玻璃或不锈钢等。包裹型快件的分拣大多采用固定的金属笼、塑料筐等。如图10-10和图10-11所示。

图10-10 金属分拣笼

图10-11 塑料分拣筐

10.4.3.3 自动分拣系统

分拣系统一般由控制装置、分类装置、输送装置及分拣道口四部分组成。

（1）控制装置。其作用是识别、接收和处理分拣信号，根据分拣信号的要求，指示分类装置按快件品种、送达地点或按货主的类别对快件进行自动分类。这些分拣类别可以通过不同方式如可通过条形码扫描、色码扫描、键盘输入、重量检测、语音识别、高度检测及形状识别等方式，输入分拣控制系统中，根据对这些分拣信号的判断，来决定某一种快件该进入哪一个分拣道口。

（2）分类装置。其作用是根据控制装置发出的分拣指示，当具有相同分拣信号的快件经过该装置时，该装置动作，使快件改变在输送装置上的运行方向，进入其他输送机或进入分拣道口。

（3）输送装置。其主要组成部分是传送带或输送机，其主要作用是使待分拣的快件鱼贯地通过控制装置、分类装置，并输送装置的两侧，一般要连接若干分拣道口，使分好类的快件滑下主输送机（或主传送带），以便进行后续作业。

（4）分拣道口。是已分拣快件脱离主输送机（或主传送带）进入集货区域的通道，一般由钢带、皮带、滚筒等组成滑道，使快件从主输送装置滑向集货站台，在那里由工工作人员将该道口的所有快件集中后，或是入库储存，或是组配装车并进行配送作业。

以上四部分装置通过计算机网络联结在一起，配合人工控制及相应的人工处理环节，构成一个完整的自动分拣系统。

10.4.4　信息录入

快件信息的录入是指对快件所涉及的相关内容进行登记，实际上是对快件运单相关内容的再描述。在快件生产作业中，可实现快件信息联网共享，并以电子清单形成实现信息记录传递。采用这种作业方式，对漏登信息的快件，需进行快件信息录入。

10.4.4.1　信息录入模式

（1）手工录入模式。通过键盘手工录入快件信息。

（2）手工扫描模式。使用手持式扫描枪扫描条形码从数据库中检索对应的详细开拆信息，将快件的详细信息存人数据库中作为制单信息。根据分拣方案，给出该快件应入的格口号，并转换成分拣机的格口号，发给分拣机控制系统。

（3）全自动录入模式。人工供件台在 OBR 分拣模式（光学条形码识别模式）下，分拣人员不需要采集信息，只需将快件贴有条形码的一面朝上摆放。自动供件台只有自动分拣方式，人工将快件顺面码放，自动台通过负压分离将快件逐件分出，信息自动录入系统中。

10.4.4.2　信息补录

有些快递企业虽是扫描录入信息，但快件信息并没有实现联网共享，只是解决了人工抄登和人工比对。采用这种作业方式，快件处理业务员需对漏登信息的快件进行补录。补录内容一般有运单号码、收寄地、寄达地等。另一种需要补录的情况是快递条形码被污染、损坏，而无法扫描对比，这时快件处理业务员要补录快件运单的号码并进行比对。

10.5　快件建包和封发

建包是指将分拣处理好的快件，按照一定要求逐个整理、捆扎、封装成袋、制作快件路单的过程。建包是贯通上下环节的中间环节，是全程质量好坏的关键，决定着每一件快件是否都能按最合理的路线和方式传递出去。因此，建包工作的质量，对整个快件传递质量起着决定性的作用。

10.5.1　快件建包作业流程

下面以圆通速递为例介绍建包作业的基本流程。

（1）使用条形码设备扫描，首先启动操作系统，输入操作员的用户名和密码登录系统，在系统中选择与登单功能对应的操作模块。

（2）对需要建总包的快件，首先需准备好编织袋和包签，包签用马克笔（或记号笔）写好始发地和目的地并贴在编织袋上，同时在编织袋上也要用马克笔（或记号笔）写好始发地、拆包地和包签号（防止包签在转运过程中掉落而造成包袋无任何标识，不知要发往哪里），放到相应的建包格口，以便备用，然后再扫描该包内的快件。

（3）逐一扫描快件，逐一扫描快件运单号并整齐装入写好和贴好包签的包袋中，防止漏扫和误扫，对于误分或破损快件要挑出交主管处理。

（4）扫描条形码时，距快件条形码5~30cm，使激光束覆盖条形码。扫描时需注意设备的提示音响，当设备发出扫描失败提示音时，应重新扫描。重新扫描仍失败的要手工录入相关信息。当条形码被污染、受损无法扫描时，应手工键入条形码信息。

（5）应根据快件的性质、重量和体积进行分类扫描以便合理建立总包，保证快件安全、完好。

（6）集中扫描一票多件的快件。

（7）对于退回、易碎、液体、保价、代收货款、到付等快件，要在备注栏或相关栏分别注明或使用专用模块扫描登单。

（8）应及时在操作系统中执行数据删除命令将错扫快件信息删除。

（9）扫描结束后，核对系统中的电子信息清单。如果快件实物与清单数字不符，应及时查找复核。对于那些有登单无快件的，应在操作系统中删除；有快件未扫描的，应重新扫描快件运单号。

（10）如果总包包牌需要明确重量信息，应获取重量信息后再制作总包包牌。重量信息除能在操作系统中自动获取外，还可利用称重设备进行人工称量。

（11）建包扫描结束，要确保作业场地周围无遗留未扫描的快件。

（12）操作人员退出扫描模块操作系统。

（13）将装好的包袋，用缝包机打包好，袋口和缝包线的距离留有10cm左右，以防转运过程中袋口撑爆，同时缝包线两端也应留有10cm左右再断线，以防封包线太短导致脱线。

建包注意事项：建包时建议是一个人自己扫描自己装包，扫一票装一票，以免扫描出错有以下两种情况：

（1）有单无货。扫描了快件运单号，没有把快件装入包袋中，导致拆包的时候发现系统提示此包签号有单号，而实际中没有这个快件，也称之为有单无货。

（2）有货无单。没有经过扫描快件的运单号就把快件装入包袋中，导致拆包的时候发现系统提示此包签没有单号，但实际中却多装了这个快件，称之为有货无单。

分拣系统自动登单的原理是快件分拣系统的扫描装置对快件的体积、重量、条形码信息、件数自动检索，当某一逻辑格口达到设置的封发标准时，系统发出指令封锁格口，自动打印出包签。

在采用系统自动登单时，应该从以下几方面进行检查。

（1）检查设备操作系统是否升级、业务处理是否有调整。如有系统升级或调整的情况，应及时修改相关信息并调整操作。

（2）确保分拣格口各功能控制按钮处在正常状态。

（3）不间断地巡视自动分拣格口，检查是否有建包结束的快件。

（4）当格口自动封锁并打印出总包包牌时，核对实物快件数量与清单数量，检查快件规格，清空格口及时解锁，以便后续快件能继续入格；当然也可人工干预封锁格口，打印包签。

（5）对发生错入格口的快件有两种情况：在系统中要删除该快件信息；已扫描在系统中的，要及时在操作系统中删除该快件信息。应及时查找复核那些快件实物与系统清单数字不符的快件。确认有扫描无快件的，在操作系统中删除无实物的快件信息；有快件无扫描记录的，则要对该快件进行重新分拣。

（6）在分拣下滑格口过程中，如果快件出现外包装破损，要及时转交专人处理。

（7）如果快件未正常自动分拣扫描，改手工扫描操作。

（8）作业结束，检查场地周围是否遗留快件。

10.5.2　总包包牌

包牌也叫包签，指拴挂或粘贴在快件总包袋指定位置上的信息标志，用于区别快件的所属企业、运输方式及发运路向等。使用时，应根据快件的寄达地准确选择国内快件包牌和国际快件包牌。正确辨认和使用包牌，能够减少差错、加快快件传递速度。

10.5.2.1　包牌种类

不同快递企业使用的包牌不同，在同一快递企业内部，有些需要特殊作业处理的快件与其他普通快件使用的包牌也有区别，但是包牌所包含的信息大多相同，主要包括：到站、发站、总件数、重量等。

10.5.2.2　包牌的制作

包牌制作有两种方式：一种是在操作系统中实时生成；另外一种是手工书写。

（1）操作系统实时生成。操作系统在接收到打印包牌的指令后，直接打印出所需条形码总包包牌。它的条形码包含总包包牌的号码、发出地、寄达地、件数或票数、重量、时间等相关信息。

（2）手工书写。预制的总包包牌是批量印制或抒印而成的，但有些预制的总包包牌包含的信息只是唯一码，其他如发出地、寄达地、件数或票数、时间等信息需要手工填写。其要求有：

1）使用规范汉字和阿拉伯数字及代码准确、完整填写包牌各栏内容，不得涂改或划销。

2）使用笔头直径在 3mm 以上的油性唛头笔填写。

3）设有发寄和留存联的，两联填写内容要一致。

10.5.3　总包封装

将多个发往同一寄达地的快件集中规范地放置在包袋或容器中，并将包袋或容器口封扎的过程称为总包封装。包袋也称总包空袋，是用于盛装快件的袋子或容器，袋子由棉质、尼龙、塑料等不同材质制成，容器有集装箱、金属笼等。

10.5.3.1 包袋（容器）使用的要求

应根据快件的数量、种类、体积大小、重量、所寄内件性质选择封装所用包袋或容器。以下几种包袋（容器）不得使用。

（1）企业规定外的包袋或容器。

（2）有2cm以上破洞的包袋或容器及裂口非机器缝补或破洞用绳捆扎等不能分清责任、保证内件安全的包袋。

（3）水湿、油污、形状改变的包袋。

（4）印有其他快递企业标识的包袋或容器。

（5）印有与快件内容不符图案的包袋。

10.5.3.2 总包封装的基本要求

将快件装入总包空袋（容器）中，用专用工具封扎、封闭袋口或容器开口，并拴挂包牌或标签的过程称为总包封装。其操作基本要求如下。

（1）总包袋的操作。

1）选用大小适宜的包袋。应根据快件的数量和体积合理选用总包空袋的大小，切忌用大号总包空袋封装少量快件。

2）在空袋一侧贴上预制的包签，其粘贴位置应依据袋（包）内快件盛装的多少而定，一般应在总包封扎后的中上部为宜。

3）将规范的总包空袋置于撑袋架上，如图10-12所示。

图10-12 撑袋架

4）装入快件。具体要求如下：

①将快件，按“重不压轻，大不压小，结实打底，方下圆上，规则形放下、不规则形放上”的原则装袋；

②如果内件为易碎和液体的快件应尽量单独封袋，若与其他快件混封应放在最上层；

③信件型快件与包裹型快件及保价快件、代收货款、到付快件、限时快件应分别封装总包袋。如果采用混合封装方式，要求信件型快件捆扎成捆；

④快件装袋时，运单向上摆放；

⑤总包袋盛装的体积不能超过整袋的2/3，质量不宜超过32kg。

5）把撑袋车或撑袋架上的袋口卸下收紧。在贴近快件处使用专用或特制的绳或塑料封带将总包袋扎紧封口。

（2）袋口封扎的方法。

1）使用无接头的棉质蜡绳时要按专用扣捆扎法扎紧，总包的条形码袋牌垂直拴在绳上，袋牌牌面向外，串上（专用）封志用品，扎绳收紧同时将绳交叉打结，然后用专用工具固封袋口封志（印膜清晰），剪去多余绳头。如需拴挂两个袋牌的，要分别在两个绳串上。

2）使用塑料封带时，在塑料封带的预制牌面上粘贴打印或印制的总包条形码包牌，收紧袋口封扎，把封带尾部穿入封扣中并用力收紧，使其不能捋下或串动。

3）使用封尼龙编织袋时，用专用便携式缝包机在袋口均匀骑缝。

（3）轮式笼和集装箱的操作。

1）要选用无损坏、无形状改变的轮式笼和集装箱。

2）装入快件。具体要求如下：

①按“重不压轻、大不压小、小件填装空隙”的原则装笼或箱；

②若笼和集装箱内有隔板，轻件或易碎和液体应尽量在隔板上方；

③当文件类快件与物品类快件混装时，保价快件、代收货款、到付快件等同类件要集中码放或间隔；

④快件装笼（箱）时，运单向上摆放。

3）正确关闭笼或箱门。

4）笼或箱门要使用专用或特制的绳或塑料封带封扎。

5）使用绳封扎时，先将绳一头穿入锁孔中，穿上袋牌，再穿上封志用品要使用专用工具妥封。使用塑料封带封扎时，先将封带尾部穿入锁孔中，穿上袋牌，再穿入封带顶部的扣眼中，用力收紧。使用条形码包签时，包签要贴在笼和集装箱正面的上部指定区域内。

10.5.3.3　质量检查

总包是由多个快件汇集而成。为保证总包封装的快件准确、安全的传递，应对总包进行质量检查，对封发总包产生的差错及时纠正。质量检查有以下几项内容。

（1）检查总包的包牌、封志、袋身（笼或箱体）、重量等规格是否符合要求。

（2）检查总包袋牌或包签的条形码是否整洁完好无损。

（3）检查是否符合操作系统信息处理要求。

（4）检查对需要赶发时限的快件是否优先封发处理，是否赶发指定的航班或航次。

10.5.4　登单封发作业后的检查

（1）检查总包封发规格及条形码质量，检查现场有无漏封发快件。各分拣单位的质量检查人员应在封发总包前，抽检机器和手工分拣人格或下袋的散件。陕件分拣质量～总包封发后，抽查封发质量和交发路向等，每日填写质量检查记录。

（2）对散件及封发的总包进行质量检查，检查的项目和检查的方法包括以下几点。

1）对于散件。检查手工或机器分拣有无错误。

2）对于总包。检查包牌、封志、绳扣、袋身等是否符合规格；封妥的包牌同路单上的登记是否相符，车次，路向是否正确；有无漏封的格口，现场有无遗留快件。

（3）对每个分拣台席的检查次数、数量基本均衡，对重点人、重点项目可增加检查次数和数量。

（4）检查出的差错，质检员要当即给予指正，并如实记录，在质检员签字的同时，差错责任人也要签字，并记录检查结果。

（5）对各岗位生产人员执行规章制度的情况进行检查。

10.6 快件的装运

10.6.1 快件的装运流程

10.6.1.1 提取总包快件

提取总包快件指的是快件处理中心总出口人员到各分拣封发作业区提取出口总包快件。在规定的时限内，由总出口人员到处理中心的相应作业区根据快件种类、计划、发运路向和发运车次的要求分别提取各类出口总包快件。提取总包快件时一般需有交接手续，如果作业现场封闭条件较好，监控设施较完善的情况下，也可实行无手续交接。对不合格快件一律拒收。采用合适的传输方式将总包快件运到处理中心总出口作业区。

快件处理中心总出口人员对于提取来的总包快件按发运计划进行配发处理并制路单。

10.6.1.2 总包交运

（1）交发直达干线汽车邮路总包。对于交发直达干线汽车邮路总包实行“包装”，即包规格质量、数量、路向。

装发快件前要对待发快件逐袋勾核，确保数目和路向准确无误。装车时应查验运件车辆车厢厢体是否完好，并按照快件发运计划规定进行顺序装发快件，做到本、转分开，堆位隔离清楚。装车完毕后会同驾押人员对车厢施封。驾押人员核对交发快件总路单与快件路单一致，齐备后签收。

（2）交发邮区内汽车邮路总包。对装发邮区内汽车邮路的总包快件，除数量外，“包装”内容按直达干线汽车邮路规定执行。发件网点在装发邮区内汽车邮路快件时，要将快件按卸交局先远后近的顺序装车，并做到隔离清楚，装车时同承运局驾押人员进行快件点数交接。驾押人员核对快件数目、交发路单页数与总路单相符后，在其发件网点留存总路单上签收。

（3）交发盘驳和市趟邮路总包。盘驳和市趟邮路总包快件实行点数交接，不再重复勾核。总出口处理人员将交接单（未实现总包信息自动处理时连同发运路单）交给盘驳或市趟邮路驾押人员，接方点数接收。

10.6.2 快件码放的要求

快件码放指按某些共同特性和码放原则，将完成分拣封发的快件总包及其出口的快件，整齐排列码放到指定的位置。这个过程既是总包集中码放的过程，也是堆位的形成过程。其基本要求有以下几点。

（1）按不同航班和车次及赶发时限的先后顺序建立堆位。搭载同一个航班或同一个车次的总包集中堆放。对同一个车次不同卸交站点的总包快件，应按方便装车的顺序码放。

（2）为了避免混淆，车次或航班的代码和文字等相近、相似的堆位要相互远离。

（3）各堆位之间应有明显的隔离或标志，同时要留有通道，通道宽度一般为20~30cm。

（4）快件总包要立式放置，整齐划一排列成行。高度以一层为宜。

（5）代收货款、到付快件和优先快件应单独码放。遇有码放像易碎快件这样有特殊要求的总包单件，应按要求码放。

（6）堆放总包时，不得有扔、摔、拖、拽等损伤快件的行为，应确保袋牌和包签不被损坏或污染。对较轻的总包，用手握住袋口向上提起，放到指定堆位；对较重的总包，双手抓住袋身或专用提带向上提起，放到指定堆位。

（7）对在托盘或移动工具上的总包，码放时应结合工具的载重标准和安全要求码放，但码放高度不宜超过工具的护栏或扶手。

10.6.3　车辆的施封

车辆的施封是为保证运输车辆安全快速地把快件运达目的地而建立的一种控制手段。

10.6.3.1　建立车辆封志的操作步骤

以使用塑料条形码封条施封操作为例说明如下：

（1）车辆的押运人员或驾驶员在总包装载结束后将车门关闭。

（2）场地负责人将车辆封志加封在车门指定位置，车辆押运人员或驾驶员监督车辆施封过程。

（3）将塑料条形码封条尾部插入车辆锁孔中，再穿入条形码封条顶部的扣眼中，用力收紧，并确保施封完好。

（4）在出站快件的交接单上登记施封的条形码号。

（5）车辆押运人员或驾驶员与场地负责人在交接单上签字确认。

10.6.3.2　建立车辆封志的注意事项

（1）施封前，要检查车辆封志，是否符合要求，GPS 定位系统是否正常。

（2）施封时，场地人员与押运人员同时在场。

（3）施封后的封志要牢固，要确保不能被抽出。

（4）条形码在施封过程中要确保完好无损。

（5）封志的条形码号与出站快件交接单登记的号码应一致。施封完毕，应仔细核查。

复习思考题

10-1　单选题

（1）收派网点与分拣中心之间使用的交接单，登列的内容主要有快件封发时间、发出站、接收站、封发人员、快件单号、（　　）。

A. 收寄件人信息、重量、体积、件数

B. 收寄件人信息、种类、车辆牌号、驾驶人员

C. 重量、体积、件数、种类、车辆牌号、驾驶人员

D. 收寄件人信息、重量、体积、件数、种类、车辆牌号、驾驶人员

（2）以下不是车辆封志的作用（　　）。

A. 能保证快件运输途中的安全

B. 能保证已封车辆完整地由甲地运到乙地

C. 防止车辆在运输途中被打开

D. 能保证交通安全

（3）卸载易碎物品总包在托盘、拖车上，码放高度一般不超过（　　）。

A 半身高度　　B. 全身高度　　C. 车辆高度　　D. 把手高度

（4）总包拆解作业，就是开拆已经接收的进站快件总包，将快件由（　　）。

A. 散件转换为总包　　B. 单包转换为散件

C. 单包转换为总包　　D. 总包转换为散件

（5）机械拆解总包：（　　）。

A. 不能减轻拆解人员的劳动强度　　B. 能提高劳动效率

C. 不是普遍使用的方式　　D. 不能降低企业成本

（6）快件封发作业是按一定要求将快件封成（　　）并揽匀的工作过程。

A. 总包　　B. 包裹　　C. 箱形快件　　D. 集装快件

（7）包牌用于区别运输方式及发运路向等的（　　）。

A. 物品流量　　B. 物品属性　　C. 信息标志　　D. 物品名称

（8）汽车运输快件的交接内容不包含（　　）。

A. 交接双方共同办理交接

B. 交接结束双方签名盖章

C. 先签字，后交接

D. 核对交接的总包数是否与交接单填写数量相符

（9）车辆到站后，总包交接验收应注意：（　　）。

A. 工作人员要站在车的后方引导车辆停靠在指定的交接场地

B. 检查交接单的内容填写是否完整，不用强调盖戳签名是否规范

C. 检查车辆封志是否完好

D. 可根据情况决定是否在交接单上批明接收时间

（10）总包接收操作错误的是（　　）。

A. 不同批次或车次的总包应该分别接收

B. 总包接收处理要求两人或两人以上作业

C. 发现总包异常，应及时、准确地做出处理

D. 总包接收处理要求一人作业

10-2　判断题

(1) 快件处理必须执行统一的规定、标准的做法、严谨的流程。　( )

(2) 总包交接单是明确作业环节之间总包交换责任。　( )

(3) 在总包交接验收时，对不符合标准的总包，双方必须当面处理，记录情况。　( )

(4) 总包接收时，应按车辆到达的先后顺序接收总包。　( )

(5) 车辆的施封是为保证快件运达目的地而建立的一种控制手段。　( )

(6) 封发频次只根据业务员收件时间而定。　( )

(7) 总包质量检查主要是检查总包内件数量。　( )

(8) 卸载总包如果堆码在手动运输时托盘、拖车、拖板上，注意堆码重量可以超过设备材质和承载的限定要求，堆码宽度可以大于底板尺寸。　( )

(9) 车辆封志是固封在快件运输车门的一种特殊封志，其作用是防止车辆在运输途中被打开，保证已封车辆完整地由甲地到家到乙地。　( )

(10) 如果总包数量与交接单信息不符，需双方当面查清核实或在交接单上批注实收数量。　( )

11 快件派送

快件派送是快递服务中最重要的一个环节，快件派送不仅仅是把快件送到客户手中这么简单，快件派送必须有一个系统的流程，要求相关单位和人员密切的配合，快递业务员尽心尽责。这一单元将介绍快件派前准备、快件派送服务和快件派送后续处理相关知识和技能。

11.1 快件派前准备

在快件发送前，应核对交接快件的数量、重量、规格。在快件交接时不仅要做到准确，并且要核实快件的数量、重量，检查包装是否完好及快件派单信息是否完整等。

11.1.1 接收

快递员领取按址投递的快件时，应与总台人员办理交接，注意检查以下事项。

(1) 应清点快件数量是否与投递总台合拢表登记的本派送区域快件数相符。

(2) 应验视快件的封装是否完好，有无破损、拆动痕迹。

(3) 对代封快件要复称其重量。若遇有破损或重量不符的异常状况，应交主管人员处理。

(4) 若有快件详情单第一联脱落的，应补做一份单据。

(5) 若遇有错分投送区域的快件，应交回指定人员，让其转交，并在相关派送单上批注签章，不得擅自处理。

11.1.2 确认

(1) 粗分。将本投送区域的快件按照划分的投递路线进行粗分。

(2) 细排。粗分后，将快件按照投递路线的先后顺序进行细排。

(3) 复核。细排后的快件，要进行复核，核查有无错排和现场遗留的快件，防止错投、漏件。

(4) 系统扫描派件登记。在系统调出快件派送出库界面，选择相应的收派员后，把分拣好即将要派送的快件在系统中扫描运单号登记。

11.1.3 判断快件收件人地址

判断收件人信息是否准确主要有以下步骤。

(1) 检查收件人地址是否在自己所在的派送区域内。

(2) 查看收件人的地址是否正确、详细。若地址不详则与收件人联系，确认地址，正常派送；若联系不到收件人则与发件人联系，确认地址，正确派送。若无法确认地址则视为无法派送的快件，退回。

(3) 若地址准确则检查收件人的姓名是否具体。若不具体则与收件人联系，确认后派送。

11.2　派送路线的设计

随着市场经济的发展，快件派送的时间越来越重要，而快递时间的缩短不仅与运输的设备工具有关，而且与快递路线设计息息相关。因此，正确设计派送路线已显得尤为重要。

11.2.1　派送路线的设计原则

快件派送路线的设计，关系到快件的投递速度，因此，确定派送线路是一项非常重要的工作。要以最少的运力，走最短的里程，花最少的费用，经最少的环节，以最快的速度把快件送至客户手中。快件的派送速度，受交通运输状况、气候状况、收件人状况等多方面因素的影响，因此在设计派送路线时，一定要考虑各方面因素，合理规划新路线，做到“及时、准确、经济、安全”地将快件送到客户手中。

（1）保证派送时限原则。快件派送时限，是指完成快件交接，至客户处成功派送快件、运单和款项交接等活动的最大时间限度。为了更好地服务客户，完善快递企业的快递服务产品，快递企业通常都会向客户承诺快件派送的时限，即收寄快件时向客户承诺最晚派送时间。

（2）优先快件，优先派送。

1）时限要求高的快件，如同时有“即日达”“次日达”的快件需要派送，应优先派送即日达的快件。

2）客户明确要求在规定时间内派送的快件，如等通知派送的快件，需要在客户要求的时间完成派送的。

3）二次派送的快件，即首次派送不成功，客户要求再次派送的快件。

4）保价快件一般具有高价值、易碎、对客户有较高的重要性等特点，若随身携带的时间越长，遗失或破损的概率越大，对于客户、快递企业以及业务员而言，都存在较大的风险，因此为了降低风险，对于此部分快件可优先派送。

（3）先重后轻，先大后小。

1）非轻抛件，先重后轻，是指优先派送重量较重的快件，再安排重量较轻的快件；先大后小，是指优先派送体积较大的快件，再派送小件快件。由于重的或体积大的快件，装卸搬运劳动强度相对更大，所以要优先处理，可以减轻全程派件作业的负荷程度。

2）若既有非轻抛件，又有轻抛货件时，则需根据实际情况灵活处理。

（4）减少空白里程。空白里程，是指完成当班次所有快件的派送所行走路线的实际距离，减去能够完成所有快件派送的有效距离。空白里程产生的是无用功，增加了业务员的劳动时间和劳动强度。

（5）考虑道路情况。派送路线的设计，需要综合考虑派送段的路况、车流量，当班次的快件数量，快件时效要求等因素进行设计。

11.2.2　派送路线设计流程

（1）划分基本派送区域。划分基本派送区域就是将客户所在的具体位置做一系统统计，并将其作区域上的整体划分，将每一客户囊括在不同的基本派送区域之中，以作下一步决策的基本参考。

(2) 暂定派送先后次序。信用是创造后续客源的要素，因而在客户要求的时间准确送达非常必要，在考虑其他因素做出确定的派送顺序前，应先按各客户的送达时间将派送的先后次序作概略地掌握。

(3) 安排车辆。车辆安排要解决的问题是安排什么型式、种类的派送车，是使用自用车或是外雇车，要从客户面、车辆面及成本面来共同考虑。在车辆方面，要知道到底有哪些车辆可供调派，以及这些车辆的积载量与重量限制；在成本方面，就必须根据自用车的成本结构或外雇车的计价方式来考虑选择何者较划算。在安排车辆时要充分考虑上述三方面的问题，以便做出最佳决策。

(4) 决定每辆车负责的客户。既然已作好派送车辆的安排，对于每辆车所负责的客户数自然也有了决定。

(5) 路径选择。根据各客户的位置关联性及交通状况来作路径的选择。除此之外，对于有些客户或所在环境有其送达时间的限制也要参与考虑。

(6) 确定最终派送顺序。作好车辆的调配安排及配送路线的选择后，根据各车辆的配送路径先后即可将客户的派送顺序确定。

11.3 快件派送服务

11.3.1 快件捆扎

对快件进行捆扎可以有效地防止快件在派送过程中出现散落、遗失等情况。应根据快件的数量、重量等，结合装运快件工具合理确定捆扎方法。一般可通过手工捆扎和打包机捆扎。

11.3.1.1 快件捆扎材料

(1) 捆扎带。捆扎带按材料分有钢捆扎带、尼龙捆扎带、聚丙烯捆扎带、聚酯捆扎带等。

1) 钢捆扎带。一般用于使非常重的载荷成一整体运输件或将载荷固定在火车车厢、拖车或远洋货轮内，很少用于经捆扎后下陷或移位的收缩型载荷，但能牢固的捆扎已经压缩了的载荷，并经常用于刚性载荷的捆扎。金属捆扎带最适用于包装非常沉重的货物，因为它没有弹性，建议只用于木质板条箱。

2) 尼龙捆扎带。具有高的持续的张力，一般用于重型物品和能经受住高的初始张力的收缩型载荷的捆扎，其伸长率和回复率比聚酯或聚丙烯捆扎带的大，是最贵的塑料捆扎带。

3) 聚丙烯捆扎带。是最便宜的捆扎材料，它一般用于较轻型载荷的捆扎、打捆和封口纸箱。聚丙烯捆扎带具有高的伸长率和回复率，但持续张力方面不如其他塑料捆扎带。

4) 聚酯捆扎带。在塑料捆扎带中具有最高的强度和最高的持续张力。对于要求在装卸、运输和储存过程中一直保持捆扎张力的刚性载荷，聚酯捆扎带是一种极好的捆扎材料，通常被用于要求高抗张强度、高持续张力和伸长的场合。在很多场合里，它的性能类似轻型规格的钢捆扎带。

（2）边角保护材料。边角保护材料由塑胶、再生纸板等材料制成。使用捆打包带包装时，边角保护材料可以将打包带产生的压力和张力均匀分布在包装盒侧面，以防止纸板受损，从而保护托运的货物不会受到损坏。

11.3.1.2　快件捆扎方法

不同规格的快件，捆扎方法不同。

（1）体积小的快件。可以放在背包、挎包内或集装袋里。这些快件应先用文件封或牛皮纸进行包装。若用集装袋进行派送，按照一定的原则将派送快件装入到集装袋里，将袋口扎好。下面介绍几种绳子打结的方法。

1）平结。平结又称为本结、驹结、坚结等，在日常生活中用的频率相当高。平结适用于连接同样粗细、同样质材的绳索；但是不适用在较粗、表面光滑的绳索上。打平结时，缠绕方法一旦发生错误，可能会变成外行平结。外行平结是个不完全的活结，用力一拉结目就会散开，缺少实用价值。平结完成后拉得太紧的，结目不容易被解开；为了改善这个缺点，拉结、蝴蝶结、外科结等变化结便应运而生，应用范围广泛。

2）反手结。在所有的结当中，反手结最简单。首先将绳索曲成一环状，将活端从后面穿过此环拉紧即成。反手结除了用来在绳端处打一结点（使绳头不易散开）外，很少有其他用场，但它是许多其他结的组成部分。此结制作极为快速，首先将绳索弯成一环，将此环套在一固定物体上，紧拉，再用活端与环打一反手结。

3）“8”字形结。此结同反手结一样可在绳端系一个结点，适合作为固定收束或拉绳索的把手，比反手结更为有效。“8”字结的特征在于即使两端拉得很紧，依然可以轻松解开。

4）渔人结。用于连接细绳或线的结，虽然只是在两条绳子各自打上一个单结，然后将其连接起来这般简单的结构，但其强度很高，也可以使用在不同粗细的绳子上。然而这个结不适用于太粗的绳子或是容易滑动的纤线，有时很容易就解开了。双渔人结多一次缠绕后打成的结，如此更可以增加其强度，这个结是用在连接两条绳索等情况上，结形大是其缺点。操作方法如下。

①将两条绳子的前端交互并列，其中一条绳子像卷住另一条绳子般打一个反手结。

②另一边也同样打上一个结。

③轻微拉紧两个反手结，然后彼此相向滑动，让两结紧挨，再系紧两结。

（2）体积大的快件，可直接捆扎到交通工具上。

1）捆扎到自行车或电动车的后座上。

2）装入到货车的货舱内。

11.3.1.3　捆扎注意事项

（1）捆扎时注意防止破坏快件，如用绳子捆扎时避免捆得太紧或太松。

（2）捆扎应尽量减少水平空间，如横扎某些快件，可能阻碍行人等的运行，也会影响派送的时效性。

（3）其他突发因素。比如下雨天，应用雨布、雨衣等盖住快件。

11.3.2 快件的安全搬运和装卸

装卸搬运是在快件传送的过程中经常出现的环节，安全的装卸搬运作业建立在合理化搬运装卸的基础之上。

11.3.2.1 装卸搬运合理化

（1）防止和消除无效作业。无效作业是指在装卸作业活动中超出必要的装卸、搬运量的作业。显然，防止和消除无效作业对提高装卸作业的经济效益有重要作用。为了有效地防止和消除无效作业，可从以下几个方面入手。

1）尽量减少装卸次数。要使装卸次数降低到最小，就要避免没有物流效果的装卸作业。

2）包装要适宜。包装是物流中不可缺少的辅助性作业手段。包装的轻型化、简单化、实用化会在不同程度上减少作用于包装上的无效劳动。

3）缩短搬运作业的距离。在装卸搬运当中，快件要实现水平和垂直两个方向的位移。选择最短的路线完成这一活动，就可避免超越这一最短路线以上的无效劳动。

（2）提高装卸搬运的灵活性。装卸搬运的灵活性是指物料进行装卸作业的难易程度。因此，在堆放货物时，事先要考虑到物料装卸作业的方便性。

（3）实现装卸作业的省力化。装卸搬运使物料发生垂直和水平位移，这是需要通过做功才能实现，要尽力实现装卸作业的省力化。

（4）合理组织装卸搬运设备，提高装卸搬运作业的机械化水平。

（5）合理地规划装卸搬运方式和作业过程。指合理的安排整个装卸作业过程，以减少运距和装卸次数。装卸搬运作业现场的平面布置直接关系到装卸、搬运距离，装卸搬运机械要与货场长度、货位面积等互相协调。要有足够的场地集结货场，并满足装卸搬运机械工作面的要求，场内的道路布置要为装卸搬运创造良好的条件，这样有利于加速货位的周转。减少装卸搬运距离的最理想的方法是使装卸搬运距离达到最小平面布置。

11.3.2.2 快件的安全搬运

快件的安全搬运包括装卸搬运中的人身安全和快件安全。

（1）人身安全。在装卸搬运过程中，快递业务员必须严格按照装卸搬运的操作规范、注意事项进行操作，切实做好防护工作。

1）搬运前准备好搬运工具及自身的防护设备，如手推车、防护手套等。用手推车前必须保证手推车的安全，提前检查车胎等是否有气或松动。

2）用手推车进行搬运时必须保证安全，禁止快速跑步推车前进。

3）在徒手搬运快件时，必须掌握正确的搬运姿势，以免闪腰等现象的发生。

4）切忌搬运快件时快件影响搬运视线，如快件过高挡住视线。

在快件搬运过程中会发生很多意外情况，快递业务员应随机应变，及时正确处理。

（2）快件安全。

1）快件装卸需轻拿轻放，尤其是一些易碎快件。

2）快件存放的环境应当干净，防止弄脏快件。

3）移动快件时禁止对快件进行脚踢、扔、拖、拉等动作。

4）在快件摆放时应当遵循重物在下，轻物在上的原则。

5）在快件的搬运中，快递员应当随机应变，时刻保护好快件。

11.3.3 收费

11.3.3.1 计费方法

计费重量应取快件的实际重量和体积重量两者中的较大值。实际重量指需要运输的一批物品包括包装在内的实际总重量。体积重量指当需寄递物品体积较大而实重较轻时，因运输工具（飞机、火车、船、汽车等）承载能力及能装载物品体积所限，需采取量取物品体积折算成重量的办法作为计算运费的重量，称为体积重量或材积。体积重量大于实际重量的物品又常称为轻抛物。

当需寄递物品实际重量小而材积较大时，需按下列公式计算运费总额。求取材积公式如下：

规则物品：[长（cm）×宽（cm）×高（cm）]/6000=重量（kg）

不规则物品：[最长（cm）×最宽（cm）×最高（cm）]/6000=重量（kg）

此外，个别国际快件产品的材积计量标准按照3边长度（单位为厘米）乘积除以5000或4000。

例如，一件规则的快件实际重量12kg；规格长、宽、高分别为40cm、50cm、60cm，根据公式计算，体积重量为（40×50×60）/6000=20kg，由于体积重量20kg大于实际重量12kg，所以快件总重量应按20kg填写并计费。

11.3.3.2 收费方式

（1）现付。即在投递前发件方将款项交纳。

（2）到付。即当提取快件或收取快件时交纳款项。当收件人验视快件外包装无误后，在派件现场把到付款交给快递业务员的一种支付方式。此种付费方式一般情况下付账数额不会很大。

（3）回单付。回单付是当收件方收到快件后将回单发送给发件方，发件方付款。

（4）代收货款。指寄件人通过快递服务组织寄件时，由快递服务组织代寄件人收取货款款项。此种收款方式的好处：方便，便宜（一般是千分之三手续费，比银行低）。缺点：不保险，可能收款人卷走资金而逃跑。当代收款金额较多时管理人员应调配其他人员协助，确保安全。

（5）第三方代付。如子公司寄件由母公司进行代付。

随着信息技术的发展，现在不只有支付现金这一种付款方式，还有网上支付的方式。

11.3.4 快件签收

快递业务员将快件交给收件人时，有义务告知收件人当面验收快件。若收件人本人无法签收时，可与收件人（寄件人）沟通允许后，采用代收方式，快递业务员也应告知代收人的代收责任。验收无异议后，验收人应确认签收。拒绝签收的，验收人应在快递运单等有效单据上注明拒收的原因和时间，并签名。客户签收快件可采用以下方式：

（1）手写式。客户应用正楷字体签收快件，写上自己的姓名及日期。快递业务员不得代替客户签字。

（2）盖章。若客户选择盖章，则应注意每一联运单都必须在收件人的签署栏盖章，且是同一个章。同时，应填写签收日期。

（3）电子签收。电子签收指快件派送完之后，请客户在移动扫描设备屏上进行签名确认，签收完后移动扫描设备即时将签名图片传输到系统服务器，方可在网络上查询到快件的实时信息。

11.4 问题件处理

11.4.1 禁限寄物品处理

（1）发现各类武器、弹药等物品，应立即通知公安部门处理，疏散人员，维护现场。同时通报国家安全机关。

（2）发现各类放射性物品、生化制品、麻醉药物、传染性物品和烈性毒药，应立即通知防化及公安部门，按照应急预案处理。同时通报国家安全机关。

（3）发现各类易燃易爆等危险物品，收寄环节发现的，不予收寄；经转环节发现的，应停止转发；投递环节发现的，不予投递。对危险品要隔离存放。对易发生危害的危险品，应通知公安部门，同时通报国家安全机关，采取措施进行销毁。需要消除污染的，应报请卫生防疫部门处理。其他危险品，可通知寄件人限期领回。对内件中其他非危险品，应当整理重封，随附证明发寄或通知收件人到投递环节领取。

（4）发现各种危害国家安全和社会政治稳定以及淫秽的出版物、宣传品、印刷品，应及时通知公安、国家安全和新闻出版部门处理。

（5）发现妨害公共卫生的物品和容易腐烂的物品，应视情况通知寄件人限期领回，无法通知寄件人领回的可就地销毁。

（6）对包装不妥、可能危害人身安全、污染或损毁其他寄递物品和设备的，收寄环节发现后，应通知寄件人限期领回。经转或投递中发现的，应根据具体情况妥善处理。

（7）发现禁止进出境的物品，应移交海关处理。

除上述情况外，发现其他禁限寄物品应通知相关政府监管部门处理。

11.4.2 收件人地址有误的快件及其处理方法

（1）收件人地址有误的情况。

1）运单脱落，无法知道收件人地址。

2）外包装有两个地址，无法判断适用哪个地址。

3）地址错误或邮编、电话区号等错误。

4）填写的街路不清或只写街路而无门牌号。

5）寄达地址用同音字代替或使用相似字。

6）运单目的地栏填写与收件人地址不符。

（2）收件人地址有误的处理方法。前面所列的六种情况，处理方法不太一致。

1）若运单脱落，可以联系发件网点，补充运单信息，重新制作运单后，正常分拣派送。

2）在有两个地址或地址、电话填写错误或者模糊不清等情况下，需要与发件人联系确定地址，请发件人发一份确认地址的传真，修改运单地址后，正常分拣派送。

若上述方法都无法联系到收件人，应在详情单上粘贴“改退批条”，批明无法投递原因，加盖经手人员和主管人员名章，仍用特快方式退回发件网点。快件退回发件网点后，由发件网点填发“领取快件通知单”，按规定在营业窗口投交寄件人，免收退回费。无法投递的快件退回发件网点后，如无法退给寄件人，保管期满一个月寄件人仍不领取的按无着快件处理。无着快件一律由指定的无着快件处理部门集中开拆处理，其他各网点不得自行处理。

11.5　快件派送后续处理

11.5.1　快件信息的录入

快件信息的录入是指对快件所涉及的相关内容在计算机上进行登记，实际上是对快件运单相关内容的再描述，是对客户运单的信息维护。快件在每一站点接受、转发或派送等状态要记录，并要记录时间，这样方便客户查询其快件在途中的情况。

11.5.1.1　快件信息录入的作用

在快递服务过程中，录入快件信息具有重要的作用：

（1）可以为寄件人提供快件传递状态和所在位置的查询服务。

（2）快件信息是快递企业内部作业各环节、各工序、各部门及各项业务工作的依据和凭证。

（3）快件信息能够为快件处理部门制订快件动态调整发运计划提供实时资料，使处理部门能够根据快件的各项信息提前做好快件运能计划，提高处理操作的可控性和快件的时效性。快件处理业务员需要在快件分拣封发工作中及时录入快件信息，并通过对比快件实物与信息，对漏登的信息进行补录。

11.5.1.2　快件信息录入的环节

（1）运单录入。根据业务员开具或带回的单据进行系统的录入，并针对单据中填写不完整的信息及时沟通，并进行记录，每日整理不合乎规则的运单反馈给上级主管，以便与业务操作人员不断完善单据开具环节。

（2）其他环节信息录入。

1）根据调度反馈的装车信息及发运信息，录入调度信息。

2）根据客服反馈的在途跟踪信息进行录入（有时也是由客服人员完成）。

3）根据到货情况录入节点信息（或由操作员录入）。

4）根据收货情况录入收货及签收信息（或由业务员录入）。

5）确认回单返回情况（或客服人员，或特定的单据管理人员）。

（3）根据其他分部或上级的指示，导出数据，并做出简单的汇总分析。

11.5.1.3　快件信息录入要求

（1）准确。快件信息录入必须准确，不能出现丝毫差错，必须保证信息的正确性。

（2）及时。快件信息录入需及时，快递员必须在派送后一定的时间内将快件信息录入公司系统。

（3）完整。快件信息录入要完整，不能出现残缺信息或无法识别的信息。

11.5.1.4　快件信息录入的操作

（1）进入录单系统。

（2）输入寄件人信息。输入运单号→寄件人号码→输入姓名→输入寄件人详细地址。

（3）输入收件人信息。输入收件人号码→输入收件人姓名→输入收件人详细地址。

（4）到付、代收费用输入。代收运费或代收货款选系统指定键→输入面单代收的费用→按系统要求输入保价金额/保价费用。

（5）选择结算方式。按寄递面单填写结款选择现付或/月结→运费→选择点击保存。

11.5.2　滞留件的处理方式

滞留件是指由于某种原因而发生停滞停留或未能送达的快件。

11.5.2.1　滞留原因

快件的滞留可能有各种各样的原因，但大致可分为无法投递快件、退回的快件和无着快件三类。

（1）无法投递快件。指因收件人地址不详、拒收、逾期不领和海关不准进口等原因，造成无法投递的称为无法投递快件。主要有以下情况。

1）收件人地址不详或书写错误。

2）收件人迁址且新址不明。

3）收件人是已撤销的单位，且无合法的代收单位。

4）收件人死亡，且无合法代收人代收。

5）收件人拒收或拒付应付费用或税款。

6）海关不允许进口，必须退回原寄地。

7）其他原因无法投递的。

（2）无着快件。指因无法辨认快件寄件人地址、发件网点而无法寄退的“无法投递快件”。主要有以下情况。

1）无法投递快件封面未写寄件人地址或地址不清，又无法从标签和戳记辨别原寄递局，因而无从寄退的快件。

2）出口的快件收寄后经海关检查不准出口，因寄件人地址不详而无法退回寄件人的快件。

3）出口快件收寄后，发现内装禁寄物品，虽已通知寄件人，但未在通知期限内来领取的快件。

4）出口快件无法投递被退回，由于寄件人地址不详等原因无法退回寄件人。

11.5.2.2　处理措施

造成滞留件的原因有很多种，但在具体操作过程中，快递服务组织应在投递前联系收件人，当出现快件无法投递情况时，采取以下措施。

（1）当出现首次无法投递时，快递服务组织应主动联系收件人，告知再次投递的时间及联系方式。

（2）再次仍无法投递，可通知收件人采用自取的方式，并告知收件人自取的地点和工作时间。若收件人仍需要快递服务组织投递的，应告知额外费用。

1）若联系不到收件人，快递服务组织应在彻底延误时限到达之前联系寄件人，协商处理办法和费用。主要包括：寄件人放弃快件的，应在快递服务组织的放弃快件声明上签字，快递服务组织凭函处理快件；寄件人需要将快件退回的，应支付退回的费用。

2）联系不到收件人和寄件人，除不易保存的物品外，快递服务组织在对快件保存至少 3 个月后可以按照相关规定处置快件。

复习思考题

11-1　单选题

（1）下列不属于绑带使用时的注意事项的是（　　）。

A. 硬钩所勾拉的物体须稳固，钩子不能滑动、不能脱落

B. 由于绑带具有很强的拉伸能力，所以绑带有略微破损时仍可以继续使用

C. 使用绑带前，确保绑带硬钩牢固

D. 使用绑带捆扎时，注意不要把绑带拉伸得过长

（2）下列不属于装车时应遵循的原则的是（　　）。

A. 先装先派送的快件、后装后派送的快件

B. 大不压小

C. 重不压轻

D. 易碎件单独摆放

（3）在无法派送快件的移交要求中，不属于整理、复核快件时的内容的是（　　）。

A. 清点运单数量和无法派件成功的快件数量

B. 按派送地址分类摆放

C. 检查无法派送快件的外包装是否完好无损

D. 把运单整理整齐，准备交接

（4）在常用捆扎材料中，不属于绳子的特点的是（　　）。

A. 弹力很强　　B. 拉力强　　C. 耐腐蚀　　D. 重量轻

（5）关于快件派送，描述不正确的是（　　）。

A. 快件派送前，业务员先识别快件派送地址

B. 快件派送前，若有带收款金额较大，则需要提前通知客户，并告知应付金额

C. 可以根据记忆派件

D. 业务员将快件派送到客户处，应合适客户身份后方能派送

(6) 在未派送给收件人之前，快件应归（ ）所有。

A. 收件人 B. 寄件人

C. 提供服务的快递企业 D. 处理该票快件的业务员

(7) 以下（ ）的情况下快递企业应当给客户赔偿。

A. 经过业务员指导后，客户填写运单错误导致误送延迟

B. 因车辆原因导致具有时效性的快件未按时到达

C. 快件出境时被海关查验没收

D. 自快件交寄之日已过一年，客户提出赔偿的

(8) 下面关于派送路线描述正确的是（ ）。

A. 派送路线是业务员派件所走的路径

B. 业务员只需考虑快件正确送达，无需考虑路线的选择

C. 派送路线实际上是各个派送目的地的总和

D. 派送路线与业务员的快件排序无关

(9) 快件安全保管，下列做法错误的是（ ）。

A. 体积较大不能装入背包或挎包的快件，要保证快件不离开视线范围内

B. 使用汽车派送时，业务员应锁好汽车门窗

C. 将小件快件随身携带在背包或挎包内，确保件不离身

D. 不能装入包内的不便捆扎的快件，可放在自行车旁

(10) 下面关于代收货款描述错误的是（ ）。

A. 代收货款不接受记账或第三方支付方式结算

B. 收款的快递企业向收件人提供的特殊服务

C. 快递企业进行代收货款前，必须获得委托单位出具的相关单据

D. 代收货款必须当场现付

11-2 判断题

(1) 当面交接、签字确认是进行快件交接的两个原则。（ ）

(2) 检查快件交接时，应该及时检查快件外包装是否完好、封口胶纸是否正常、有无撕毁重新粘贴的痕迹。（ ）

(3) 检查运单是否脱落、湿毁，不是快件交接时的检查内容。（ ）

(4) 在快件派送的两种方式中，网点自取是目前快递服务的主流形式。（ ）

(5) 检查重心是否偏移，是快件捆扎时的检查内容之一。（ ）

(6) 在员工对快件进行中转操作时，由于劳动强度大，操作员工可以坐在快件上，但不得踩压快件。（ ）

(7) 在派送代收货款业务的快件时，结算方式为现金结算且金额较大的，应该提前通知客户，告知客户应付金额，提醒客户准备应付款项。（ ）

(8) 电子签收属于客户签收快件的方法之一。（ ）

(9) 减少空白里程是派送路线的设计原则之一。（ ）

(10) 二次派送的快件不属于优先派送快件的主要类型之一。（ ）

12 客户服务

近年来，随着快递行业服务组织的兴起，越来越多的组织和企业进入快递行业中来，加之大型跨国公司进入中国市场，快递行业的竞争不断加剧。在这样的环境下，对于企业而言，客户是最重要的、最有价值的资源。因此，企业要能有效地向客户推荐快递服务产品，通过广泛、准确、及时收集、整理、分析客户信息，并加以反馈，建立良好的客户关系，提高企业竞争力。

12.1 客户服务的分类和作用

客户服务（Customer Service）是指一种以客户为导向的价值观。广义而言，任何能提高客户满意度的内容都属于客户服务的范围之内。客户满意度是指客户体会到的实际"感知"的待遇和"期望"的待遇之间的差距。

12.1.1 客户服务分类

客户服务在商业实践中一般分为三类，即售前服务、售中服务、售后服务。售前服务一般是指企业在销售产品或提供服务之前为顾客提供的一系列活动，如市场调查、产品设计、提供使用说明书、提供咨询服务等。售中服务则是指在产品交易或提供服务过程中销售者向购买者提供的服务，如接待服务、商品包装服务等。售后服务是指凡与所销售产品或服务有连带关系，并且有益于购买者特征的服务。

12.1.2 客户服务作用

（1）提高销售收入。客户服务通常是快递公司的重要素，直接关系到快递公司的市场营销。快递公司功能的产出或最终产品是通过快递活动提供时间与空间效用来满足客户需求。快递客户服务无论是面向生产的快递，还是面向市场的快递，其最终产品是提供某种满足快递客户需求的服务。

（2）提高客户满意程度。客户服务是由企业向购买其产品或服务的人提供的一系列活动。从现代市场营销观念来看，对满足消费者需求来说，产品及其服务具有 3 个层次的含义，即核心产品、形式产品、延伸产品。

作为客户他所关心的是购买的全部产品，即产品的实物和产品的附加价值。而快递的客户服务就是提供这些附加价值的重要活动，它对客户满意程度产生重要影响。良好的客户服务会提高产品的价值，提高客户的满意程度。因此，许多快递公司都将客户服务作为企业快递的一项重要功能。

（3）降低流通成本。低成本战略历来是企业竞争中常用的战略，而低成本的实现往往涉及商品生产、流通的全过程，除了生产原材料、零部件、人力成本等各种有形的影响因素外，客户服务方式等软性要素的选择对成本也具有相当大的影响力。

（4）留住客户。客户是企业利润的源泉。在现代市场经济下，客户及其需要是企业建立和发展的基础。如何更好地满足客户的需求，是企业成功的关键。过去，许多企业都将工作重点放在新客户开发上，而对如何留住现有客户研究较少。实际上留住客户的战略更为重要。因为老客户与公司利润率之间有着非常高的相关性，保留住老客户可以保留住业务，同时摊销在客户销售以及广告的成本都较低，特别是满意的老客户会提供业务中介。因此，不能让老客户投向竞争对手如已成为企业的战略问题。

（5）创造超越单个企业的供应链价值。快递服务作为一种特有的服务方式，以商品为媒介，将供应商、厂商、批发商及零售商有机地组成一个从生产到消费的全过程流动体系，推动了商品的顺利流动。另一方面，快递服务通过自身特有的系统设施不断将商品销售、库存等重要信息反馈给流通渠道中的所有企业，并通过不断调整经营资源，使整个流通过程不断协调地应对市场变化，进而创造出一种超越流通渠道内单个企业的供应链价值。

12.2　业务推介

12.2.1　5S 理念

“5S”是指“微笑（Smile）、迅速（Speed）、诚实（Sincerity）、灵巧（Smart）、研究（Study）”五个词语英文首字母的缩写。“5S”理念是最具代表性的服务文化创新，不仅具有人性化十足的时代特点，还具备相当的可操作性。

（1）微笑。指适度的微笑。业务员要对顾客有体贴的心，才可能发出真正的微笑。微笑可以体现感谢的心与心灵上的宽容，笑容可以表现开朗、健康和体贴。

（2）迅速。指动作迅速。它有两种意义：一种是物理的速度，即工作时尽量快些，不要让顾客久等；二是演示上的速度，业务人员诚意十足的动作与体贴的心会引起顾客满足感，使他们不觉得等待时间过长，以迅速的动作表现活力，不让顾客等待是服务好坏的重要衡量标准。

（3）诚实。业务员如果心存尽心尽力为顾客服务的诚意，顾客一定能体会得到。以真诚不虚伪的态度工作，是业务人员的重要心态与为人处世的基本原则。

（4）灵巧。指精明、整洁、利落。以干净利落的方式来接待顾客，以灵巧、敏捷、优雅的动作来包装商品，以灵活巧妙的工作态度来赢得顾客信赖。

（5）研究。要时刻学习和熟练掌握商品知识，研究顾客心理以及接待与应对的技巧。平日多努力研究顾客的消费心理、销售服务技巧，多学习商品专业知识，就不仅会在接待顾客的层面上有所提高，也必定会有更好的成绩。

12.2.2　业务推介要领

（1）要准备客户的资料。众所周知，业务员接触的顾客层面非常广泛，那么前去访问时，一定要准备好顾客的一些相关资料，这是生意成功的第一步。不论是哪种类型的客户，业务员对于所接触到的主要洽谈人员的相关资料，如出生地、学历、背景、性格、兴趣，甚至家庭的状况，都应有所了解。

一个公司随时都有人事调动、职务变迁的情形，这一点业务员必须加以注意才行。若没有可资调查的情报，应先打电话给顾客公司的职员询问一番，了解一下相关状况，可以减少初次见面时的紧张感。

由于业务员面对的是不同的顾客，所以，业务员应该了解更多的知识，足以应付不同的顾客，也就是要求业务员能解决各个顾客的提问。

（2）要从客户角度考虑问题。一般来说，业务员在谈业务时，多习惯从自身考虑，这是导致失败的原因。其实只要从客户角度出发，有时反而更有效果。只有让客户感受到业务员确实在为他着想，全心全意致力于为他解决问题，那么他一定会愿意接纳业务员，从而选择业务员所提供的服务。

（3）引起客户的好感。客户对业务员有好感，才会对业务员产生信任，进而才有可能选择业务员推荐的产品。业务员首先要做的是通过良好的自我形象先把自己推介出去。业务员应当具备良好的道德修养，穿着大方得体的服饰，运用简洁清晰的语言表述，才能打动客户。要做到这一点并不容易，需要经过长期磨炼，从一点一滴做起。

1）良好的个人形象要注重个人仪容。业务人员的个人形象直接反映着快递服务企业与快递服务产品的质量。试想一个头发凌乱、面容污脏、张嘴有口臭、指甲不干净的业务员，怎能让客户产生好感与信任，又怎能让客户愿意购买快递服务的产品？

2）简洁清晰的语言会使业务宣传更加令人信服。语言是人类情感交流的纽带，业务员在较短的时间里吸引客户的最大魅力是语言。业务员在推销过程中，不可不说，也不可多说。从询问需求开始，只要了解客户有无需求，谁是决策者，就尽量闭住嘴巴，多听客户说。要善于把握客户的“弦外之音”。切忌眉飞色舞地喋喋不休，那样除了降低自己的形象外，只会引起客户的反感。

此外，谈话中要避免语言的公式化、定型化、俗套化，要用形象的描述、贴切的比喻，幽默的言辞给客户焕然一新的感觉。气氛较为紧张时，不妨开个玩笑，创造较为轻松的交谈环境。交谈内容不要涉及政治、宗教观念上的分歧；不要说竞争对手、领导、同事的坏话，不要说一些不景气的话，更不能泄露本单位和其他客户的秘密。

（4）满足客户的最大需求。业务推介并不是简单地向客户灌输产品功能。业务员需要牢记的是：快递产品本身的特征是业务员所关心的，但却不是客户关注的焦点，客户真正关心的是，通过使用某项快递产品时能够从中得到什么样的利益，也就是产品能够满足客户的需求。实践证明，业务员在回答客户关于产品咨询的时候，准确地把握住客户需求点，能更有效地打动客户。在不断拓展市场的同时，工作的专业度也会逐步获得客户的认可、赢得信任。

一旦答应客户的条件，就一定要履行，无论遇到多大的困难也不能以任何理由将其推给客户，做到“言而有信”。此外，“小事情”往往决定合作的成败。如：不给客户回电话、约会迟到、在得到客户帮助没有致谢、与客户交谈漫不经心等，这些看似很小的事情，却足以失去一个客户。

12.2.3　业务推介方法

（1）发放宣传资料。宣传资料包括名片、企业宣传单、企业产品或服务等。发放宣传资料是目前快递领域使用最广泛的业务推介方法，但是这种方法取得成功的概率正在逐步降低。究其原因，主要是客户在选择快递服务时，会综合考虑到时效性、安全性、便利性、价格、品牌、快递企业的服务范围、双方合作方式及熟悉度、业务员的服务态度、服务的灵活性等诸多因素，一张名片或是宣传单根本不可能为客户提供以上必要的决策参考信息。虽然这些信息与客户选择快递服务有直接的关联，事实上，却只有极少数的客户会自发主动地获取这些信息，所以发放宣传资料的推介方法实际上依旧是“被动地等待客户上门”的方式。在争取已有稳定的快递服务提供商的客户时，这方法显然是不可取的。

(2) 发放调查问卷，询问客户需求。与发放宣传资料进行业务推介的方法相比，发放调查问卷的方法更多体现了以客户满意为导向的工作思维和工作方式，因此更有针对性。随着快递领域由卖方市场向买方市场的转变，客户的个性化需求越来越多，采取发放调查问卷、主动询问客户需求的方法比较容易把握客户的个性化需求。从市场情况来看，谁能把握住客户的个性化需求并予以满足，谁就更容易最终获得客户。

(3) 利用客户向客户进行推介。利用客户向客户进行业务推介的前提条件是通过持续、稳定的优质服务在老客户中树立口碑。客户口碑是客户对某企业的赞同、认可或抱怨。好的口碑是最有说服力而且不需要花钱的广告。只要能够凭借始终如一的优质服务在客户当中树立起口碑，客户都会很乐意地向他们的客户推荐自己选用的快递企业的产品或服务，甚至会要求自己的供应商必须使用指定的快递产品或服务。

(4) 电话营销。电话营销（Telemarketing）是一个较新的概念，出现于20世纪80年代的美国。随着消费者主导的市场的形成以及电话、传真等通信手段的普及，很多企业开始尝试这种新型的市场营销方法。电话营销决不等于随机的打出大量电话，靠碰运气去推销出几样产品。这种电话往往会引起消费者的反感，结果适得其反。电话营销定义为：通过使用电话，来实现有计划、有组织，并且高效率地推扩大顾客群、提高顾客满意度、维护顾客等市场行为的手法。

(5) 网络营销。网络营销（Online Marketing 或 E-Marketing）就是以国际互联网为基础，利用数字化的信息和网络媒体的交互性来辅助营销目标实现的一种新型的市场营销方式。简单地说，网络营销就是以互联网为主要手段进行的，为达到一定营销目的的营销活动。

1) 广义的网络营销。笼统地说，网络营销就是以互联网为主要手段（包括企业内部网、行业系统专线网及国际互联网）开展的营销活动。

2) 狭义的网络营销。指组织或个人基于开放便捷的互联网络，对产品、服务所做的一系列经营活动，从而达到满足组织或个人需求的全过程。

3) 整合网络营销。2002年资深网络营销实践者敖春华提出整合网络营销概念：网络营销是企业整体营销战略的一个组成部分，是为实现企业总体经营目标所进行的，以互联网为基本手段营造网上经营环境的各种活动。这个定义的核心是营造网上经营环境，这个环境可以理解为整合营销所提出的一个创造品牌价值的过程，整合各种有效的网络营销手段创造更好的营销环境。

12.3 客户维护及信息采集

12.3.1 收集并分析客户信息

取得准确的客户信息，是客户服务的基础。取得客户信息后，不仅要对其进行整理，还要进行分析。分辨出一般客户、重要客户和贵宾客户，并分析客户差异对企业利润的影响。

客户信息分析步骤如下。

（1）划分客户群。由于客户需求受到客户思维方式、行动模式以及地区差异等多种因素影响，区分不同的客户群成为制定服务战略的重要问题。在划分客户群的过程中，应充分考虑不同客户对企业的贡献度以及客户的潜在能力。

（2）了解客户需求的多样性，实行差异化服务。企业不能把精力和成本均摊到每个客户身上，因为每类客户价值的大小是不一样的。企业有必要通过个性化和增值服务手段来增大忠实客户群和有潜力客户价值，对于普通的客户需符合标准化的服务。

（3）调查客户潜在需求和调查潜在客户。挖掘客户的潜在需求是企业获取长期利润的法宝，而发现潜在客户是企业长期制胜的要素。对客户资源进行整合，目标非常简单——保留高价值的客户，并争取把那些有潜力的客户变为高价值的客户。

12.3.2 客户分类

在客户资源管理中，经常采用的方法是按客户的重要性分类。采用 ABC 分析法进行划分，把客户分为贵宾型客户、重要型客户、普通型客户三类客户。客户创造的利润不同，客户数量比例和重要性也不一样。

12.3.2.1 客户关系维护的作用

（1）留住老客户可使企业的竞争优势长久。成功的企业把如何留住老客户作为企业发展的头等大事之一。留住老客户对企业效益的贡献比只注重市场占有率和发展规模经济的贡献要大得多。如果能够和客户保持互惠互利的长期合作关系，不断提高客户满意度，那么，相当一部分现有客户将会愿意更多地使用企业的产品和服务。

（2）留住老客户还会使成本大幅度降低。有关资料显示，发展一位新客户的投入是巩固一位老客户的 5 倍。因此，确保老客户再次使用本快递企业的快递产品，是降低推介成本和节省时间的最好方法。

（3）留住老客户还会大大有利于发展新客户。对于一个有快递使用需求的客户来说，亲友、同事、左邻右舍或其他人亲身经历后的推荐，往往比企业或业务员的介绍更为可信。留住老客户，会促进新客户的发展。资料显示，1 个满意的客户通常会带来 8 笔潜在的生意，其中至少有 1 笔成交，而 1 个不满意的客户则会消除 25 个人的购买意向。

12.3.2.2 客户关系维护的方法

（1）定期进行电话联系。业务人员可以在交易完成后定期与客户进行电话联系，这种方法既省时又省力，但是却可以随时让客户感受到业务员的关心和体贴。在电话中业务员可以主动询问客户对产品的意见以及使用产品的情况，同时还可以了解客户是否又有新的需求。例如：“您好，××先生，我是×××的业务员，我今天打电话是想问一下您在使用本公司服务时觉得有问题吗？您对我们的服务有什么意见可以直接告诉我，您的意见十分宝贵。”

当然了，如果客户在电话中提出了一些相关问题，那么业务员就要立即着手加以解决，或者寻求企业其他部门的配合，帮助客户解决问题。例如："您有哪些问题需要解决吗？如果有问题，我会马上联系客户服务人员帮您解决的。"

（2）适机展开客户回访活动。一些企业会针对某些产品或服务的市场开发进行必要的客户回访活动，而经常主动展开客户回访的业务人员却不多。其实，适机展开客户回访是获得客户积极认可的一种很重要的方式。在对客户进行回访之前，销售人员最好制定一个针对性较强的回访记录表，这样一来可以显示出对这次回访的重视，二来也方便客户填写。此外还有助于业务员更准确地了解客户的意见和需求。在回访记录表中，业务员可以设置如下一些栏目：

客户基本信息——主要包括客户的姓名、联系方式等。

客户意见——这是整个回访记录表的核心内容，业务员可以通过此项内容更准确地掌握客户遇到的问题以及可能产生的不满等。

客户期望——如客户希望产品有哪些新功能，或者质量上有哪些改进等。这也是回访记录表的重要内容，业务员可以参照这些内容更充分地了解客户的新需求等。

（3）随时告诉客户最新产品动态。业务员还可以随时告诉客户有关本企业产品最新动态，以满足客户的信息需求。这样可以方便客户随时掌握相关产品信息，从而更加关注最新产品。业务员可以通过打电话、发快件、送产品资料等方式来告诉客户本企业产品的最新动态。

复习思考题

12-1　单选题

（1）不属于客户维护作用的是（　　）。

A. 留住老客户，可使企业的竞争优势长久

B. 留住老客户，可以持续保持良好的企业形象

C. 留住老客户，会使成本大幅度降低

D. 留住老客户，大大有利于发展新客户

（2）不属于客户信息采集原则的是（　　）。

A. 主观性　　B. 真实性　　C. 及时性　　D. 完整性

（3）在业务推介过程中，要（　　）。

A. 夸大产品功能，赞美竞争对手　　B. 夸大产品功能，诋毁竞争对手

C. 持有消极心态，赞美竞争对手　　D. 保持积极心态，行为举止得体

12-2　判断题

（1）业务员在收派快件的过程中，应主动向客户介绍快递产品，这一行为成为业务推介。（　　）

（2）业务推介过程中，业务员需重点关注客户需求。（　　）

（3）在向客户进行业务推介时，并不要求详细介绍快递产品如何满足客户需求以及如何给客户带来利益。（　　）

（4）要与客户建立长期稳定的伙伴关系，必须进行客户维护。（　　）

（5）安全性是客户选用快递企业标准的主导因素之一。（　　）

附录 相关法律、法规和标准

附录1 《快递市场管理办法》

第一章 总 则

第一条 为加强快递市场管理，维护国家安全和公共安全，保护用户合法权益，促进快递服务健康发展，依据《中华人民共和国邮政法》及有关法律、行政法规，制定本办法。

第二条 从事快递业务经营活动应当遵守本办法。

第三条 本办法所称快递，是指在承诺的时限内快速完成的寄递活动。寄递，是指将信件、包裹、印刷品等物品按照封装上的名址递送给特定个人或者单位的活动，包括收寄、分拣、运输、投递等环节。

第四条 经营快递业务的企业应当依法经营，诚实守信，公平竞争，为用户提供迅速、准确、安全、方便的快递服务。

第五条 公民的通信自由和通信秘密受法律保护。除因国家安全或者追查刑事犯罪的需要，由公安机关、国家安全机关或者检察机关依照法律规定的程序对通信进行检查外，任何组织或者个人不得以任何理由侵犯他人的通信自由和通信秘密。

第六条 国务院邮政管理部门负责对全国快递市场实施监督管理。

省、自治区、直辖市邮政管理机构负责对本行政区域的快递市场实施监督管理。

按照国务院规定设立的省级以下邮政管理机构负责对本辖区的快递市场实施监督管理。

第七条 国务院邮政管理部门和省、自治区、直辖市邮政管理机构以及省级以下邮政管理机构（以下统称邮政管理部门）对快递市场实施监督管理，应当遵循公开、公平、公正以及鼓励竞争、促进发展的原则，规范快递服务，满足经济社会发展的需要。

邮政管理部门应当加强快递市场安全监督管理，维护寄递安全与信息安全。

第八条 快递行业协会应当依照法律、行政法规及其章程规定，制定快递行业规范，加强行业自律，为企业提供信息、培训等方面的服务，促进快递行业的健康发展。

第二章 经营主体

第九条 国家对快递业务实行经营许可制度。经营快递业务，应当依照《中华人民共和国邮政法》的规定，向邮政管理部门提出申请，取得快递业务经营许可；未经许可，任何单位和个人不得经营快递业务。

第十条 邮政管理部门根据企业的服务能力审核经营许可的业务范围和地域范围，对符合规定条件的，发放快递业务经营许可证，并注明经营许可的业务范围和地域范围。

经营快递业务的企业应当在经营许可范围内依法从事快递业务经营活动，不得超越经营许可业务范围和地域范围。

第十一条 任何单位和个人不得伪造、涂改、冒用、租借、倒卖和非法转让快递业务经营许可证。

取得快递业务经营许可的企业不得以任何方式将快递业务委托给未取得快递业务经营许可的企业经营，不得以任何方式超越经营许可范围委托经营。

第十二条 取得快递业务经营许可的企业设立分公司、营业部等非法人分支机构，凭企业法人快递业务经营许可证（副本）及所附分支机构名录，到分支机构所在地工商行政管理部门办理注册登记。企业分支机构取得营业执照之日起二十日内到所在地邮政管理部门办理备案手续。

快递业务经营许可证（副本）载明的股权关系、注册资本、业务范围、地域范围发生变更的，或者增设、撤销分支机构的，应当报邮政管理部门办理变更手续，并持变更后的快递业务经营许可证办理工商变更登记。

第十三条 快递企业进行合并、分立的，应当在合并、分立协议签订之日起二十日内，向颁发快递业务经营许可证的邮政管理部门备案。

备案应当提交以下材料：

（一）快递业务经营许可证；

（二）合并、分立协议；

（三）上一年度快递业务经营许可年度报告书。

合并、分立后新设立的企业法人经营快递业务的，应当依法取得快递业务经营许可。合并、分立涉及外商投资企业的，应当遵守国家有关外商投资快递业务的相关规定。

第十四条 以加盟方式经营快递业务的，被加盟人与加盟人均应当取得快递业务经营许可，加盟不得超越被加盟人的经营许可范围。被加盟人与加盟人应当签订书面协议约定双方的权利义务，明确用户合法权益发生损害后的赔偿责任。参与加盟经营的企业，应当遵守共同的服务约定，使用统一的商标、商号、快递服务运单和收费标准，统一提供跟踪查询和用户投诉处理服务。

第十五条 经营快递业务的企业应当按照国务院邮政管理部门的规定，向颁发快递业务经营许可证的邮政管理部门提交年度报告书。

第三章 快递服务

第十六条 经营快递业务的企业应当按照快递服务标准，规范快递业务经营活动，保障服务质量，维护用户合法权益，并应当符合下列要求：

（一）填写快递运单前，企业应当提醒寄件人阅读快递运单的服务合同条款，并建议寄件人对贵重物品购买保价或者保险服务；

（二）企业分拣作业时，应当按照快件（邮件）的种类、时限分别处理、分区作业、规范操作，并及时录入处理信息，上传网络，不得野蛮分拣，严禁抛扔、踩踏或者以其他方式造成快件（邮件）损毁；

（三）企业应当在承诺的时限内完成快件（邮件）的投递；

（四）企业应当将快件（邮件）投递到约定的收件地址和收件人或者收件人指定的代收人。

第十七条　经营快递业务的企业投递快件（邮件），应当告知收件人当面验收。快件（邮件）外包装完好的，由收件人签字确认。投递的快件（邮件）注明为易碎品及外包装出现明显破损的，企业应当告知收件人先验收内件再签收。企业与寄件人另有约定的除外。

对于网络购物、代收货款以及与用户有特殊约定的其他快件（邮件），企业应当与寄件人在合同中明确投递验收的权利义务，并提供符合约定的验收服务，验收无异议后，由收件人签字确认。

第十八条　经营快递业务的企业应当在营业场所公示或者以其他方式向社会公布其服务种类、服务时限、服务价格、损失赔偿、投诉处理等服务承诺事项。服务承诺事项发生变更的，企业应当及时发布服务提示公告。

第十九条　经营快递业务的企业应当遵循公平原则，以书面合同确定企业与用户双方的权利和义务。

对免除或者限制企业责任及涉及快件（邮件）损失赔偿的条款，应当在快递运单上以醒目的方式列出，并予以特别说明。

第二十条　在快递服务过程中，快件（邮件）发生延误、丢失、损毁和内件不符的，经营快递业务的企业应当按照与用户的约定，依法予以赔偿。

企业与用户之间未对赔偿事项进行约定的，对于购买保价的快件（邮件），应当按照保价金额赔偿。对于未购买保价的快件（邮件），按照《中华人民共和国邮政法》、《中华人民共和国合同法》等相关法律规定赔偿。

第二十一条　经营快递业务的企业应当建立与用户沟通的渠道和制度，向用户提供业务咨询、查询等服务，并及时处理用户投诉。

经营快递业务的企业对邮政管理部门转办的用户申诉，应当及时妥善处理，并按照国务院邮政管理部门的规定给予答复。

第二十二条　经营快递业务的企业应当按照国家有关规定建立突发事件应急机制。发生重大服务阻断、暂停快递业务经营活动时，经营快递业务的企业应当按照有关规定在二十四小时内向邮政管理部门和其他有关部门报告，并向社会公告；以加盟方式开展快递业务经营的，被加盟人、加盟人应当分别向所在地邮政管理部门报告。

经营快递业务的企业在事故处理过程中，应当对所有与事故有关的资料进行记录和保存。相关资料和书面记录至少保存一年。

第二十三条　经营快递业务的企业应当妥善应对快递业务高峰期，做好业务量监测，加强服务网络统筹调度，及时向社会发布服务提示，认真处理用户投诉。

第二十四条　经营快递业务的企业对无法投递的快件（邮件），应当退回寄件人。

对无法投递又无法退回寄件人的快件（邮件），企业应当登记，并按照国务院邮政管理部门的规定和快递服务标准处理；其中无法投递又无法退回的进境国际快件（邮件），应当依照相关规定交由有关部门处理。

第二十五条　经营快递业务的企业在从事快递业务的同时，向用户提供代收货款服务的，应当建立有关安全管理制度，与寄件人的合同中应当对代收货款服务的权利义务进行约定。

提供代收货款服务，涉及金融管理规定的，应当接受相关部门的监督管理。

第二十六条 经营快递业务的企业应当按照国家关于快递业务员职业技能的规定，加强快递从业人员职业技能培训，组织符合条件的快递从业人员参加职业技能鉴定。

第二十七条 经营快递业务的企业不得实施下列行为：

（一）违反国家规定，收寄禁止寄递的物品，或者未按规定收寄限制寄递的物品；

（二）相互串通操纵市场价格，损害其他经营快递业务的企业或者用户的合法权益；

（三）冒用他人名称、商标标识和企业标识，扰乱市场经营秩序；

（四）违法扣留用户快件（邮件）；

（五）违法提供从事快递服务过程中知悉的用户信息；

（六）法律、法规禁止的其他行为。

第二十八条 快递从业人员不得实施下列行为：

（一）扣留、倒卖、盗窃快件（邮件）；

（二）违法提供从事快递服务过程中知悉的用户信息；

（三）法律、法规禁止的其他行为。

第四章 快递安全

第二十九条 任何组织和个人不得利用快递服务网络从事危害国家安全、社会公共利益或者他人合法权益的活动。下列物品禁止寄递：

（一）法律、行政法规禁止流通的物品；

（二）危害国家安全和社会政治稳定以及淫秽的出版物、宣传品、印刷品等；

（三）武器、弹药、麻醉药物、生化制品、传染性物品和爆炸性、易燃性、腐蚀性、放射性、毒性等危险物品；

（四）妨害公共卫生的物品；

（五）流通的各种货币；

（六）法律、行政法规和国家规定禁止寄递的其他物品。

第三十条 经营快递业务的企业应当遵守《中华人民共和国邮政法》、《邮政行业安全监督管理办法》等相关规定，建立并严格执行收寄验视制度，加强生产安全和应急管理。

第三十一条 经营快递业务的企业对不能确定安全性的可疑物品，应当要求用户出具相关部门的安全证明。用户不能出具安全证明的，不予收寄。

经营快递业务的企业收寄已出具安全证明的物品时，应当如实记录收寄物品的名称、规格、数量、重量、收寄时间、寄件人和收件人名址等内容。记录保存期限不少于一年。

第三十二条 经营快递业务的企业接受网络购物、电视购物和邮购等经营者委托提供快递服务的，应当遵守邮政管理部门的规定，与委托方签订安全保障协议，并向颁发快递业务经营许可证的邮政管理部门备案。

第三十三条 经营快递业务的企业设置快件（邮件）处理场所，应当事先征询邮政管理部门及有关部门意见，并按照国家有关规定预留相关工作场地，其设计和建设应当符合国家安全机关和海关依法履行职责的要求。

第五章　监督管理

第三十四条　国家鼓励和引导经营快递业务的企业采用先进技术，充分利用交通运输资源，促进规模化、品牌化、网络化经营。

第三十五条　邮政管理部门应当结合邮政行业安全监督管理的实际，指导和监督经营快递业务的企业落实安全责任制，依法对经营快递业务的企业实施安全监督检查，并依照相关规定对妨害或者可能妨害行业安全的经营快递业务的企业进行调查和处理。

邮政管理部门应当加强对突发事件的管理，督促经营快递业务的企业定期组织开展突发事件应急演练。

第三十六条　国务院邮政管理部门建立以公众满意度、时限准时率和用户申诉率为核心的快递服务质量评价体系，指导评定机构定期测试评估快递行业服务水平，评定服务质量等级，并向社会公告。

第三十七条　邮政管理部门应当依法及时处理用户对经营快递业务的企业提出的申诉，并自接到申诉之日起三十日内作出答复。

任何单位和个人有权向邮政管理部门举报违反本办法的行为。邮政管理部门接到举报后，应当依法及时处理。

第三十八条　邮政管理部门应当加强对经营快递业务的企业及其从业人员遵守本办法情况的监督检查。

邮政管理部门依法实施监督检查，可以采取下列措施：

（一）进入有关场所进行检查；

（二）查阅、复制有关文件、资料、凭证；

（三）约谈有关单位和人员；

（四）经邮政管理部门负责人批准，查封与违法活动有关的场所，扣押用于违法活动的运输工具以及相关物品，对信件以外的涉嫌夹带禁止寄递或者限制寄递物品的快件（邮件）开拆检查。

第三十九条　邮政管理部门工作人员应当严格按照法定程序进行监督检查。实施监督检查时，应当出示执法证件，并由两名或者两名以上工作人员共同进行。被检查单位及其有关人员应当予以配合，不得拒绝、阻碍，并对有关情况予以保密。

邮政管理部门工作人员对监督检查过程中知悉的被检查单位的技术秘密和业务秘密，应当保密。

第六章　法律责任

第四十条　经营快递业务的企业违反快递服务标准，严重损害用户利益，由邮政管理部门责令改正，处五千元以上三万元以下的罚款。

第四十一条　违反本办法第十条规定的，由邮政管理部门责令改正，处五千元以上三万元以下的罚款。

第四十二条　违反本办法第十一条第二款规定的，由邮政管理部门责令改正，处一万元以下的罚款；情节严重的，处一万元以上三万元以下的罚款。

第四十三条　违反本办法第十四条规定的，由邮政管理部门责令改正，处五千元以上三万元以下的罚款。

第四十四条 违反本办法第十六条第（二）项规定的，由邮政管理部门处一万元罚款；情节严重的，处一万元以上三万元以下的罚款。

第四十五条 违反本办法第十八条、第二十一条、第二十二条、第三十一条规定的，由邮政管理部门责令改正，处三千元以上三万元以下的罚款。

第四十六条 违反本办法第二十四条第二款规定，未按照国务院邮政管理部门规定处理无法投递又无法退回寄件人的快件的，由邮政管理部门对快递企业处三千元以上一万元以下的罚款；情节严重的，处一万元以上三万元以下的罚款。

第四十七条 违反本办法第二十七条第（一）项、第（五）项规定的，分别依照《中华人民共和国邮政法》第七十五条、第七十六条的规定予以处罚。

违反本办法第二十七条第（四）项规定的，由邮政管理部门责令改正，对快递企业处一万元以上三万元以下的罚款。

违反本办法第二十七条第（二）项、第（三）项规定的，由国家有关部门依法处理。

第四十八条 违反本办法第二十八条规定的，由邮政管理部门责令改正，依法没收违法所得，对直接责任人员处五千元以上一万元以下的罚款；构成犯罪的，依法追究刑事责任。

第四十九条 邮政管理部门工作人员违反本办法第三十七条第一款、第三十九条规定的，依法给予行政处分；构成犯罪的，依法追究刑事责任。

第五十条 拒绝、阻碍邮政管理部门及其工作人员依法履行监督检查职责的，依照《中华人民共和国邮政法》第七十七条的规定予以处罚。

第五十一条 公民、法人或者其他组织认为邮政管理部门的具体行政行为侵犯其合法权益的，可以依法向上一级邮政管理部门申请行政复议或者直接向人民法院起诉。

经营快递业务的企业逾期不履行邮政管理部门处罚决定的，由邮政管理部门依法申请人民法院强制执行。

第七章 附 则

第五十二条 本办法自2013年3月1日起施行。交通运输部2008年7月12日发布的《快递市场管理办法》（交通运输部令2008第4号）同时废止。

附录 2　《快递服务》国家标准

快递服务　第 1 部分：基本术语

1　范围

本部分规定了快递服务的基础概念，以及与快递业务种类、服务要素、服务环节、服务质量相关的基本术语。

本部分适用于快递服务相关的经营、管理、教学、科研等活动。

2　基础概念

2.1　快递服务

在承诺的时限内快速完成的寄递服务。

2.2　快递服务组织

在中国境内依法注册的，提供快递服务（2.1）的企业及其加盟企业、代理企业。

注：快递服务组织包括快递企业和邮政企业提供快递服务的机构。

2.3　快件

快递服务组织（2.2）依法递送的信件、包裹、印刷品等的统称。

2.4　快递业务员

使用快递专用工具、设备和应用软件系统，按照快递属性要求，从事快件（2.3）收寄、分拣（5.2.2）、封发（5.2.3）、投递等工作的人员。

2.5　快递业务网络

快件（2.3）收寄、分拣（5.2.2）、封发（5.2.3）、运输、投递、查询等所依托的实体网路和信息网络的总称。

3　业务种类

3.1　按寄达范围划分的快递业务

3.1.1　国内快件

从收寄到投递的全过程均发生在中华人民共和国境内的快递业务。

3.1.1.1　同城快递

寄件地和收件地在中华人民共和国境内同一城市的快递业务。

3.1.1.2　省内异地快件

寄件地和收件地分别在中华人民共和国内同一省、自治区中不同地区的快递业务。

3.1.1.3　省际快递

寄件地和收件地分别在中华人民共和国境内不同省、自治区、直辖市的快递业务。

3.1.2　国际快件

寄件地和收件地分别在中华人民共和国境内和其他国家或地区（中国香港特别行政区、中国澳门特别行政区、中国台湾地区除外）的快递业务，以及其他国家或地区间用户相互寄递但通过中国境内经转的快递业务。

3.1.2.1　国际进境快递、国际进口快递收件地在中华人民共和国境内，寄件地在其他国家或地区（中国香港特别行政区、中国澳门特别行政区、中国台湾地区除外）的快递业务。

3.1.2.2 国际出境快递、国际出口快递

寄件地在中华人民共和国境内，收件地在其他国家或地区（中国香港特别行政区、中国澳门特别行政区、中国台湾地区除外）的快递业务。

3.1.3 港澳台快递

寄件地和收件地分别在中华人民共和国境内和中国香港特别行政区、中国澳门特别行政区、中国台湾地区的快递业务。

3.2 快递增值业务

3.2.1 代收货款

快递服务组织（2.2）接受委托，在投递快件（2.3）的同时，向收件人收取货款的业务。

3.2.2 签单返还

快递服务组织（2.2）在投递快件（2.3）后，将收件人签收或盖章后的回单（4.3.4）返回寄件人的业务。

3.2.3 限时快递

快递服务组织（2.2）在限定的时间段内将快件（2.3）送达用户的快递业务。

3.2.4 专差快递

快递服务组织（2.2）指派专人以随身行李的方式寄递快件（2.3）的快递业务。

4 服务要素

4.1 快件

4.1.1 按内件性质划分的快件

4.1.1.1 信件类快件

以套封形式缄封的，内件是按照名址递送给特定个人或者单位的信息载体的快件（2.3），不包括书籍、报纸、期刊等。

4.1.1.2 物品类快件

用快递封装用品封装的，内件是按照名址递送给特定个人或者单位的商品等物品的快件（2.3）。

4.1.2 特殊快件

4.1.2.1 改寄件

快递服务组织（2.2）受用户委托，变更原投递地址，寄往新地址的快件（2.3）。

注：仅可变更投递地址，不可变更收件人。

4.1.2.2 委托件

快递服务组织（2.2）受第三方委托，前往寄件人处取件（5.1.2）后送达收件人的快件（2.3）。

4.1.2.3 自取件

到达约定目的地后，由收件人自行提取的快件（2.3）。

4.1.2.4 到付件

由收件人支付快递费用的快件（2.3）。

4.1.3　异常快件

4.1.3.1　拒付件

收件人拒绝支付寄递约定的各种费用的快件（2.3）。

4.1.3.2　拒收件

收件人拒绝签收的快件（2.3）。

4.1.3.3　错发件

实际送达名址与收件人名址不符的快件（2.3）。

4.1.3.4　无着快件

无法投递且无法退回寄件人、无法投递且寄件人声明放弃、无法投递且保管期满仍无人领取的快件（2.3）。

4.1.3.5　破损件

因包装不良、操作不当等原因，导致包装破损的快件（2.3）。

4.1.3.6　损毁件

因包装不良、操作不当等原因，导致内件部分或全部价值损毁的快件（2.3）。

4.1.3.7　丢失件

在寄递过程中单一快件（2.3）全部丢失，或其内件部分丢失的快件（2.3）。

4.2　服务人员

4.2.1　收派员

从事上门揽收快件（2.3）和投递快件（2.3）工作的人员。

4.2.2　处理员

从事快件（2.3）分拣（5.2.2）、封发（5.2.3）、转运等工作的人员。

4.2.3　客服人员

在呼叫中心（4.4.4）、快递营业场所（4.4.1）专门受理收寄、查询、投诉（5.6.1）、索赔等申请或业务咨询的人员。

4.2.4　国际快件报关员

通过全国报关员资格考试，依法取得报关从业资格，并在海关注册登记，代表快递服务组织（2.2）向海关办理国际快件以及港澳台快件报关业务的人员。

4.3　服务单据

4.3.1　快递运单

快件详情单：用于记录快件（2.3）原始收寄信息及服务约定的单据。

4.3.2　改寄申请单

寄件人申请改变收件人地址所填写的单据。

4.3.3　索赔申告单

用户申请快件（2.3）赔偿时所填写的单据。

4.3.4　回单

应寄件人要求，在收件人签收快件（2.3）的同时，需收件人签名或盖章后返还给寄件人的单据。

4.3.5　快件报关单

进出口快件用户或其代理人，按照海关规定的格式对进出口快件的实际情况做出书面申明，以此要求海关对其快件按适用的海关制度办理通关手续的单据。

4.3.6 形式发票

按照海关要求提供的，证明所寄物品品名、数量、价值等，以便海关进行监管的报关文件。

4.4 服务设施设备及用品

4.4.1 快递营业场所

快递服务组织（2.2）用于提供快件（2.3）收寄服务及其他相关服务的场所。

4.4.2 快件处理场所

快递服务组织（2.2）专门用于快件（2.3）分拣（5.2.2）、封发（5.2.3）、交换、转运、投递等处理活动的场所。

4.4.3 海关快件监管场所

快递服务组织（2.2）按照海关要求设置的用于办理国际快件及港澳台快件海关监管业务的场所。

4.4.4 呼叫中心

快递服务组织（2.2）利用现代通信与计算机技术，主要处理快件（2.3）寄递快件过程中各种电话呼入和呼出业务的运营操作场所。

4.4.5 跟踪查询系统

通过条码、阅读器等手段，记录快件（2.3）从收寄到投递全过程信息，供用户随时获取快件（2.3）寄递状态和结果的信息系统。

4.4.6 手持终端

在快件（2.3）收寄、分拣（5.2.2）和投递等过程中，用于扫描快件（2.3）条码进行相关信息处理的一种便携设备。

4.4.7 快递封套

以纸板为主要原料，经模切、印刷和粘合等加工后，制成提供给用户使用的可装载快件（2.3）的信封式封装用品。

4.4.8 快递包装箱

以瓦楞纸板为主要原料，经模切、压痕、印刷和钉合等加工后，制成提供给用户使用的可装载快件（2.3）的箱式封装用品。

4.4.9 快递包装袋

提供给用户使用的可装载快件（2.3）的袋式封装用品。

5 服务环节

5.1 收寄

5.1.1 接单

快递服务组织（2.2）接受寄件人要求，将寄件人信息录入、核实并下发给指定收派员（4.2.1）的过程。

5.1.2 取件

快递服务组织（2.2）收取快件（2.3）过程。

5.1.3 验视

快递服务组织（2.2）在收寄时查验用户交寄的快件（2.3）是否符合禁寄、限寄规定，以及用户在快递运单（4.3.1）上所填报的内容是否与其交寄的实物相符的过程。

5.1.4　封装

根据内件性质、寄递要求等，选用适当包装材料对快件（2.3）进行包装的过程。

5.2　内部处理

5.2.1　快件编号

由一组阿拉伯数字和英文字母组成，印制在快递运单（4.3.1）上用于标识快件（2.3）的唯一代码。

5.2.2　分拣

将快件（2.3）按寄达地址信息进行分类的过程。

5.2.3　封发

按发运路线将快件（2.3）进行封装（5.1.4）并交付运输的过程。

5.2.4　快件总包

混装在一个容器内，同一路由、同一种类的快件（2.3）的集合。

5.3　报关与报检

5.3.1　报关

在快件（2.3）进出关境或国境时，由快递服务组织（2.2）或其代理报关人向海关申报，交验规定的单据和快件（2.3），申请办理进出口手续的过程。

5.3.2　通关、清关

海关对快递服务组织（2.2）或其代理报关人呈交的单据和快件（2.3）依法进行审核、查验、征收税费、批准进出口的全部过程。

5.3.3　报检

快递服务组织（2.2）或其代理报检人根据有关法律、法规的规定，向检验检疫机构申请对国际快件以及港澳台快件进行检验检疫、鉴定，以获得出入境的合法凭证及某种公证证明所必须履行的法定程序和手续。

5.4　投递

5.4.1　首次投递

快递服务组织（2.2）按规定第一次将快件（2.3）投交收件人或其指定的代收人的过程。

5.4.2　复投

快件（2.3）首次投递（5.4.1）未能投交，快递服务组织（2.2）进行的第二次投递。

5.5　查询

查询信息有效期

自快件（2.3）收寄之日起，到快递服务组织（2.2）可受理用户查询的最长时间间隔。

5.6　投诉与申诉

5.6.1　投诉

用户对快递服务组织（2.2）提供的服务不满意，向快递服务组织（2.2）、快递协会或消费者协会提出请求处理的行为。

5.6.2 投诉有效期

用户快件（2.3）收寄之日起，到快递服务组织（2.2）可受理用户投诉（5.6.1）的最长时间间隔。

5.6.3 申诉

用户投诉（5.6.1）后，在一定时间内没有得到处理，或对投诉（5.6.1）处理结果不满意，向邮政管理部门提出请求处理的行为。

5.6.4 申诉时限

自申诉事件发生之时起，到邮政管路部门可受理用户申诉的最长时间间隔。

5.7 赔偿

5.7.1 快件延误

快件（2.3）首次投递（5.4.1）时间超出快递服务组织（2.2）承诺的快递服务时限（6.1.1），但尚未超出彻底延误时限（6.1.3）。

5.7.2 快件丢失

快递服务组织（2.2）寄递快件（2.3）过程中发生的单一快件（2.3）全部丢失或快件（2.3）内件部分丢失。

5.7.3 快件损毁

快递服务组织（2.2）寄递快件（2.3）过程中，快件（2.3）破损或毁坏致使快件（2.3）失去部分价值或全部价值。

5.7.4 内件不符

内件的品名、数量或者重量与快递运单（4.3.1）信息不符。

6 服务质量

6.1 服务时限

6.1.1 快递服务时限、快件全程时限

快递服务组织（2.2）从收寄快件（2.3）到首次投递（5.4.1）的时间间隔。

6.1.2 查询答复时限

快递服务组织（2.2）自受理快件（2.3）查询之时起，到答复用户查询结果的时间间隔。

6.1.3 彻底延误时限

从快递服务组织（2.2）承诺的快递服务时限（6.1.1）到达之时起，到用户可以将快件（2.3）视为丢失的时间间隔。

6.1.4 投诉处理时限

快递服务组织（2.2）自受理用户投诉（5.6.1）之时起，到完成用户投诉（5.6.1）处理的时间间隔。

6.1.5 索赔处理时限

快递服务组织（2.2）自受理用户索赔之时起，到答复用户索赔方案的时间间隔。

6.2 服务评价

6.2.1 时限准时率

在一段时期内，快递服务组织（2.2）准时投递快件（2.3）的件数与收寄快件（2.3）总件数的比率。

6. 2. 2　快件丢失率

在一段时期内，快递服务组织（2. 2）丢失件（4. 1. 3. 7）的件数与收寄快件（2. 3）总件数的比率。

6. 2. 3　快件损毁率

在一段时期内，快递服务组织（2. 2）损毁件（4. 1. 3. 6）的件数与收寄快件（2. 3）总件数的比率。

6. 2. 4　用户投诉率

在一段时期内，快递服务组织（2. 2）受理用户投诉（5. 6. 1）的快件（2. 3）件数与收寄快件（2. 3）总件数的比率。

快递服务　第 2 部分：组织要求

1　范围

本部分规定了快递服务组织的资质、组织文化、加盟企业管理与国际业务代理、服务场所、设备设施、信息管理、服务格式合同、安全、沟通、统计、档案以及服务质量等方面的基本要求。

本部分适用于提供国内、国际以及港澳台快递服务的组织和人员。

2　规范性引用文件

下列文件对于本文件的应用是必不可少的。凡是注日期的引用文件，仅注日期的版本适用于本文件。凡是不注日期的引用文件，其最新版本（包括所有的修改单）适用于本文件。

快递服务　第 1 部分：基本术语

快递服务　第 3 部分：服务环节

3　术语和定义

快递服务　第 1 部分：基本术语界定的术语和定义适用于本文件。

4　总则

4. 1　时效性

快件投递时间不应超出快递服务组织承诺或约定的时限。

4. 2　准确性

快递服务组织应将快件投递到约定的收件地址和收件人（或收件人指定的代收人）。

4. 3　安全性

快递服务组织应建立完备的安全保障机制，确保寄递安全和用户信息安全。

4. 4　方便性

快递服务组织在设置服务场所、安排营业时间等方面，以及在收寄、投递、查询、投诉处理等环节，应考虑用户需求，以便为用户服务。

5　资质

5. 1　市场准入

快递服务组织应依法取得邮政管理部门颁发的快递业务经营许可证，其分支机构应依法到所在地省、自治区、直辖市邮政管理部门备案。

5.2 法人资质

快递服务组织应具有工商行政管理机关注册登记的企业法人资质。

5.3 最低从业人数

在省、自治区、直辖市范围内经营快递业务的服务组织，其总部及分支机构的人员总和不应低于15人。

跨省、自治区、直辖市经营快递业务的服务组织，其总部及分支机构的人员总和不应低于100人。

经营国际及中国港澳台快递业务的组织，其总部及分支机构人员总和不应低于20人。

5.4 服务能力

5.4.1 在省、自治区、直辖市范围内经营快递业务的服务组织

在省、自治区、直辖市范围内经营快递业务的服务组织，应具备以下服务能力：

(1) 具备在省、自治区、直辖市范围内经营快递业务的网络和运递能力。

(2) 经营同城快递业务的，应提供寄递快件的电话查询服务；经营省内异地快递业务的，除提供电话查询服务外，还应有提供快件跟踪查询的信息网络。

(3) 有符合《国家职业技能标准 快递业务员（试行）》并通过资格认定的快递业务员，经营同城快递业务的，快递业务员中具备处级以上资格的不应低于30%；经营省内异地快递业务的，快递业务员中具备初级以上资格的不应低于40%。

5.4.2 跨省、自治区、直辖市经营快递业务的服务组织

跨省、自治区、直辖市经营快递业务的服务组织，应具备以下服务能力：

(1) 具备与经营地域范围相适应的网络和运递能力。

(2) 有封闭的、面积适宜的快件处理场所，符合国务院邮政管理部门及国家安全机关依法履行职责的要求，并配备相应的处理设备、监控设备和消防设施。

(3) 有统一的计算机管理系统，有可提供寄递快件跟踪查询的信息网络，并配备符合规定的数据接口，可根据要求向邮政管理部门提供快件的有关数据。

(4) 有符合《国家职业技能标准 快递业务员（试行）》并通过资格认定的快递业务员，快递服务组织及其分支机构快递业务员中具备初级以上资格的均不应低于40%。

5.4.3 经营国际及中国港澳台快递业务的服务组织

经营国际及中国港澳台快递业务的服务组织，应具备以下服务能力：

(1) 具备经营国际及中国港澳台快递业务的网络和运递能力。

(2) 有封闭的、面积适宜的快件处理场所，符合国务院邮政管理部门及国家安全机关、海关依法履行职责的要求，并配备相应的处理设备、监控设备和消防设施。

(3) 有统一的计算机管理系统，有可提供寄递快件跟踪查询的信息网络，并配备符合规定的数据接口，可根据要求向邮局管理部门和相关部门提供快件的有关数据。

(4) 有符合《国家职业技能标准 快递业务员（试行）》并通过资格认定的快递业务员，快递服务组织及其分支机构快递业务员中具备初级以上资格的均不应低于50%。

(5) 有获得专业资格的报关、报检、报验人员。

6 组织文化

6.1 经营理念

快递服务组织应建立服务社会、服务顾客的理念，围绕经营理念开展服务，并将组织

的愿景、使命和价值观传递到每个员工。

6.2　社会责任

6.2.1　环境保护

快递服务组织应建立环保理念，在快递封装用品、运输车辆、服务场所、工作环境等方面达到环保要求。

6.2.2　员工发展

快递服务组织应制定员工发展规划，加强对员工的法制教育、职业道德教育和业务技能培训，促进员工成长。

6.3　诚实守信

快递服务组织应通过适当方式公布服务承诺，并遵循诚信原则，信守对用户的承诺。

6.4　公平竞争

快递服务组织应遵守国家法律法规及相关规定，合理定价，公平竞争。

7　加盟企业管理与国际业务代理

7.1　加盟企业管理

快递服务组织（总部）对加盟企业的管理，应满足以下要求：

（1）所选择的加盟企业具有企业法人资质，并取得邮政管理部门颁发的相应的快递业务经营许可证。

（2）建立加盟企业的遴选制度，确保所选择的加盟企业具备与经营地域范围相适应的运递能力。

（3）与加盟企业签订相关合同，明确责任和义务，合同宜符合国务院邮政管理部门及其他相关部门制定的《快递行业特许经营（加盟）合同》（示范文本）的要求。

（4）建立统一的作业规范，并对加盟企业进行业务指导与培训。

（5）建立评估制度，对加盟企业的服务意识、作业流程、内部管理、用户满意度等内容进行考核。

（6）妥善处理加盟企业之间的纠纷，并协调处理全网用户投诉。

（7）加强风险管理，制定风险管理预案。

7.2　国际业务代理

在境内代理国际快递业务的代理商，应满足以下要求：

（1）具有企业法人资格，并取得邮政管理部门颁发的国际快递业务经营许可证。

（2）具有代理收寄或投递国际快件的能力。

（3）与委托方签订代理协议，明确双方权利和义务。

8　服务场所

8.1　快递营业场所

快递服务组织宜有固定的、易识别的营业场所，如营业物场所搬迁或停业应通过各种渠道和有效方式告知用户。

快递营业场所应满足以下要求：

（1）有组织标识，并配备必要的服务设施。

（2）有符合相关规定的消防和监控设施。

（3）悬挂名称牌和营业时间牌，标牌保持干净、整洁。

（4）在显著位置公布：

1）服务种类；

2）资费标准；

3）服务承诺；

4）服务电话或者电子邮箱；

5）监督投诉电话或者电子邮箱。

（5）提供各种业务单据和填写样本。

（6）办理国际快递及港澳台快递业务的营业场所，备有中英文对照的服务说明，至少指定或设置一个收寄国际及港澳台快件的营业窗口。

8.2 快件处理场所

快递服务组织应根据快件业务量、业务开通区域等因素合理设置快件处理场所。所设置的快件处理场所应满足以下要求：

（1）封闭，且面积适宜。

（2）配备相应的符合国家标准的处理设备、监控设备和消防设施。

（3）对快件处理场所进行合理分区，并设置异常快件处理区。

（4）保持整洁，并悬挂组织标识。

（5）快件处理场所的设计和建设，应符合国家安全机关和海关依法履行职责的要求。

8.3 海关快件监管场所

经营国际快递及港澳台快递业务的服务组织应设置符合海关监管要求的快件监管场所。其中，集中设置的海关快件监管场所应满足以下要求：

（1）具有独立的、面积适宜的封闭区域。

（2）安装具有存储功能的视频监控系统，供海关对监管场所进行监控，监管场所灯光及监控系统满足海关实施全方位24小时监控需要。

（3）配备计算机管理系统，并与海关计算机联网，能按照海关要求的格式实现相关电子数据的传送、交换。

9 设备设施

快递服务组织应具有与开办业务范围相适应的设备与设施。

快递服务组织的设备与设施包括以下要求。

（1）应配备必要的车辆，并满足：

1）干线运输使用封闭式的车辆，符合安全卫生要求，宜有组织标识；

2）收寄和投递快件的车辆宜根据服务区域的实际需要灵活配置，统一标识，并符合安全卫生要求，在城区内收寄和投递快件的车辆，使用符合城区通行标准的车型；

3）报关过程使用的车辆符合海关监管要求。

（2）应配备一定数量的封装用品、通讯设备、办公设备等，快递封装用品应符合相关国家标准。

（3）应配备计算机管理系统，并与国务院邮政管理部门计算机系统联网，能按照要求的格式实现相关电子数据的传送、交换。

（4）应配备有国家计量检定合格证书的电子磅秤、电子台秤等计量器具。

（5）宜配备数据采集设备，包括手持终端、手持终端收器等。

（6）所有设备应进行定期维护和更新。

10　信息管理

10.1　功能要求

快递服务组织按照不同的服务内容，应建立符合 5.4.1（2）、5.4.2（3）、5.4.3（3）要求的信息网络系统。

快递服务组织建立的信息网络系统还应满足以下功能：

（1）自动语音功能。

（2）人工话务员服务功能。

（3）记录快件状态的功能。

（4）受理投诉功能；

（5）快件查询功能。

快递服务组织的信息系统还可具有投诉处理、客户关系管理、业务统计分析等功能。

10.2　信息记录

快递服务组织建立的信息网络系统应记录快件寄递过程中的以下信息：

（1）收寄时间。

（2）分拣处理场所及时间。

（3）封发时间。

（4）转运时间。

（5）投递时间。

（6）投诉及处理信息。

11　服务格式合同

快递服务组织制定服务格式合同，其条款应符合法律规定，体现公平、公正的原则，文字表述应真实、简洁、易懂。

快递运单为服务格式合同，快递运单的内容应包括：

（1）快件编号。

（2）收件人/寄件人信息，主要包括：姓名、单位、地址、联系电话、收件人/寄件人签名。

（3）快递服务组织信息，主要包括：名称、标识、联系电话、地址和邮编。

（4）快件信息，主要包括：品名、快件内件数量、重量和体积、价值；对于国际快件的港澳台快件，快件信息还应包括内件分类、申报价值和原产地。

（5）费用信息，主要包括：计费项目及金额、付款方式、是否保价和保价金额。

（6）时限信息，主要包括收寄时间、投递时间。

（7）背书信息，主要包括：查询方式与期限；用户和快递服务组织双方权利与责任，包括用户和快递服务组织产生争议后的解决途径；赔偿的有关规定；对免除或限制快递服务组织责任及涉及快件损失赔偿的条款，应在快递运单上以醒目的方式列出，并予以特别说明。

（8）其他约定信息。

12　安全

12.1　总则

快递服务组织应设立安全部门，或配备安全管理人员，制定安全管理制度和应急预案，落实相关责任。

12.2 人员安全

快递服务组织在提供快递服务时，应：

(1) 对员工进行交通法规和安全培训，确保交通安全。

(2) 制定设备操作规程，并对员工进行安全操作培训，确保操作安全。

(3) 在快件处理场所设置必要的防护设施、安全标志及警告牌，确保内部处理安全。

12.3 快件安全

快递服务组织应采取以下措施，确保快件安全：

(1) 建立并严格执行快件收寄验视制度，遵守《中华人民共和国邮政法》、《禁寄物品指导目录及处理办法》的有关规定，确保收寄快件的安全。

(2) 在收寄和投递环节，应确保快件不裸露在外。

(3) 在分拣、封发、运输、报关等处理过程中，应制定完备的监控制度，配备必要的监控设备；不准许无关人员接触快件，不准许从业人员私拆、隐匿、毁弃、窃取快件，确保快件的处理安全。

(4) 在分拣、封发、运输、报关等处理过程中，如发现问题快件，应及时做好记录并妥善处理；如需对快件进行开包，应有指定人员，在有关人员或设备的监控下进行，并做好记录。

(5) 因停业、转产、破产等原因停止快递经营活动的，应及时妥善处理所收寄的快件，确保快件安全。

(6) 除依法配合司法机关需要外，快递服务组织不应泄露和挪用寄件人、收件人和快件的相关信息，确保快件信息安全。

12.4 代收货款安全

快递服务组织提供代收货款服务的，应以自营方式提供代收货款服务，具备完善的风险控制措施和资金结算系统，并与委托方签订协议，明确与委托方和收件人之间的权利和义务。

收派员派送代收货款快件时，宜携带验钞机或POS机，快递服务组织应提供足够的防护措施，加强对收派员人身安全的保护。

代收货款的结算周期不应超过快件妥投后1个月，有条件的快递服务组织可适当缩短结算周期，与用户另有约定的从其约定。

快递服务组织应建立代收货款信息档案，如实记录寄件人、收件人信息和货款金额等内容，档案保存期不应少于1年。

12.5 突发事件

快递服务组织应制定突发事件应急方案。

发生突发事件造成重大服务阻断时，快递服务组织应：

(1) 按照有关规定及时报告相关部门。

(2) 启动应急方案，采取必要的应急措施，确保人员和快件安全。

(3) 以适当的方式及时告知用户。

在事件处理过程中，应对所有的相关的资料进行记录和保存。相关资料和书面记录应至少保存 1 年。

12.6　其他

快递服务组织接受网络购物、电视购物和邮购等经营者委托提供快递服务的，应与委托方签订安全保障协议。

13　沟通

13.1　内部沟通

快递服务组织应通过会议、布告栏和内部刊物、声像资料、互联网、信函等形式，建立内部沟通机制。

13.2　用户沟通

13.2.1　沟通渠道

快递服务组织应提供与用户沟通的免费渠道，主要包括网络、电话、短信、信函等形式。

13.2.2　沟通内容

沟通应包括业务员咨询、业务受理、快件查询、用户满意、用户投诉以及服务承诺等内容。

14　统计

快递服务组织应建立完备的统计制度，按邮政管理部门和相关部门要求报送有关经营情况的统计报表和报告。

从事国际快件和港澳台业务的快递服务组织，应按邮政管理部门和有关部门要求提供报关数据。

在建立统计制度时，快递服务组织应：

（1）按国家有关规定设置原始记录、统计台账，建立健全统计资料的审核、签署、交接、归档等管理制度。

（2）遵守国家有关统计报表和统计报告的编制规定。

（3）填报时进行数据审核，确保数据真实、准确和完整。

15　档案

15.1　档案的范围

快递服务组织应将运营过程中形成的各种记录进行分类、汇总、储存，形成档案，作为其经营管理的依据。

档案中各项记录的内容应真实、详细，能够记录快递服务组织和用户之间的交易过程，确保双方的权益不受侵害。

15.2　档案的管理

整理的档案应保持清晰、易于识别和检索，宜按照快递业务员、用户、业务、监控、财务、组织等分别组卷。

快递服务组织宜采用现代信息技术，建立档案数据库，实现档案的计算机管理和查询。

15.3　档案的保存期限

国内快递运单的实物保存期限，应满足快递纠纷及赔偿处理的需要，宜不少于 1 年，相应的电子档案保存期限不应少于 2 年。

国际快递、港澳台快递运单的实物保存期限不应少于6个月，其他档案的保存期限应满足相关法律法规要求。

16 服务质量

16.1 服务质量管理

16.1.1 作业规范

快递服务组织应识别快递服务的过程，并制定清晰的工作流程和完备的作业规范。作业规范应满足快递服务 第3部分：服务环节的规定。

16.1.2 服务承诺

快递服务组织应在营业场所公示或以其他方式向社会公布其服务承诺，服务承诺应至少包括：服务种类、服务时限、服务价格、赔偿、投诉处理、附加服务的承诺。

16.1.3 快递服务时限

除了与用户有特殊约定（如偏远地区），快递服务时限应满足以下要求：

（1）同城快递服务时限不超过24小时。

（2）国内异地快递服务时限不超过72小时。

（3）港澳台快递服务时限不超过6个工作日。

（4）除出现海关清关障碍等因素外，寄达下列地区各国主要城市的国际快递服务时限应满足以下要求。

1）亚洲和北美洲地区快递服务时限不超过6个工作日；

2）欧洲地区快递服务时限不超过8个工作日；

3）大洋洲地区快递服务时限不超过9个工作日；

4）其他地区国际快递服务时限可视实际情况而定。

16.1.4 服务费用

16.1.4.1 服务费用设置原则

快递服务配用设置应遵循公平、合法、诚实、信用的原则。

快递服务组织不应相互串通，操纵市场价格，损害用户或者其他经营者的合法权益。

16.1.4.2 重量计费原则

计费重量应取快件的实际重量或体积重量。

16.1.5 用户投诉

快递服务组织应提供投诉的渠道，并通过各种方式告知用户。

快递服务组织应按照服务承诺和约定及时处理用户投诉，并对用户投诉进行统计和分析。

对消费者权益保护组织转办的投诉应及时处理。

非经投诉人同意，不应公开投诉人个人信息。

投诉处理还应符合快递服务 第3部分：服务环节中5.6.1的要求。

16.1.6 赔偿

快递服务组织应对快件的延误、丢失、损毁以及内件不符进行赔偿。

赔偿应符合附录3的规定。

16.2 服务质量评价

16.2.1 总则

快递服务组织应建立以用户满意度、时限准时率和用户投诉率为核心的快递服务质量评价体系，定期评估测试快递服务水平。

16.2.2 用户满意度

快递服务组织应测量用户满意度，发现用户的潜在需求，改进服务质量。

快递服务组织应收集用户满意信息，收集的方法主要包括：

（1）向用户发放问卷调查表。

（2）直接与用户沟通。

（3）收集各种媒体的报告。

（4）消费者权益保护组织反映的情况。

（5）其他。

用户满意的评价程序应包括：汇总用户满意的信息，利用适当的统计技术进行分析处理，确定用户的满意程度，找出提供的服务与用户期望的差距并制定改进措施。

16.2.3 用户服务类指标

快递服务组织应定期测算以时限准时率和用户投诉率为核心的用户服务类指标，分析存在的问题，并采取措施，不断予以改善。

用户服务类指标应包括：

（1）时限准时率。

（2）用户投诉率。

（3）快件丢失率。

（4）快件损毁率。

（5）信息上网及时率。

16.3 服务改进

快递服务组织应根据服务质量的评价结果，寻找与用户需求的差距，制定改进措施并予以实施，以提高服务水平。

快递服务 第3部分：服务环节

1 范围

本部分规定了国内快递业务服务环节，以及国际、中国港澳台快递业务在国内服务环节的具体要求。

本部分适用于提供国内、国际及中国港澳台快递服务的组织和人员。

2 规范性引用文件

下列文件对于本文件的应用是必不可少的。凡是注日期的引用文件，仅所注日期的版本适用于本文件。凡是不注日期的引用文件，其最新版本（包括所有的修改单）适用于本文件。

快递服务 第1部分：基本术语

3 术语和定义

快递服务 第1部分：基本术语界定的术语和定义适用于本文件。

4 总则

4.1 系统优化

快递服务组织应制定完备的业务流程及操作规范，确保各环节密切配合，协调作业。

4.2 质控严格

各环节的操作应符合业务流程及操作规范的要求，确保快递服务质量。

4.3 信息完备与协调

各环节的作业信息应记录完整、清楚、准确，及时上传网络，确保快件及其相关信息协调一致。

4.4 作业安全

各环节作业过程中，应制定安全保障措施，确保快件寄递安全和用户信息安全。

5 国内快递业务

5.1 概述

国内快递业务的服务环节主要包括：收寄、分拣、封发、运输、投递，以及查询、投诉和赔偿等。

5.2 收寄

5.2.1 收寄形式

收寄应主要包括上门收寄和营业场所收寄两种形式。

5.2.2 上门收寄

5.2.2.1 接单

快递服务组织接单应满足以下要求：

(1) 记录用户姓名、取件地址、联系方式、快递种类、快件品名、快件目的地等相关信息。

(2) 约定取件时间。

(3) 若不能提供快递服务，以适当的方式及时告知用户。

5.2.2.2 取件

快递服务组织接单后应立即通知收派员取件。

收派员取件包括以下要求：

(1) 取件时间宜在2小时内，有约定的除外。

(2) 应该统一穿着具有组织标识的服装，并佩戴工号牌或胸卡。

(3) 应携带必备的快递运单、快递封装用品和计量器具等。

(4) 取件后，应及时将快件递交快递营业场所或快件处理场所。

5.2.3 营业场所收寄

在营业场所收寄时，快递服务组织应：

(1) 告知服务范围、服务时限、服务费用、物品禁限寄规定等。

(2) 为用户提供基本的用品用具。

5.2.4 验视

5.2.4.1 验视要求

收派员应要求用户如实告知快件内件的种类和性质。

对用户交寄的信件，必要时快递服务组织可要求用户开拆，进行验视，但不应检查信件内容。对用户交寄的信件以外的快件，快递服务组织收寄时应当场验视内件，用户拒绝验视的，不予收寄。

验视时，应满足以下要求：

（1）查验用户交寄的物品是否符合国家禁限寄规定以及是否与快递运单上所填报的内容相符。

（2）发现禁寄物品，应拒收并向寄件人说明原因。

（3）发现限寄物品，应告知寄件人处理方法及附加费用。

5.2.4.2　特殊情况

经验视，收派员仍不能确定安全性的存疑物品，应要求寄件人出具相关部门的安全证明，否则，不予收寄。

快递服务组织收寄已出具安全证明的物品时，应如实记录收寄物品的名称、规格、数量、收寄时间、寄件人和收件人名址等信息，记录保存期限应不少于1年。

5.2.5　封装

5.2.5.1　封装形式

快件的封装应主要包括快递业务员负责封装和寄件人自行封装两种形式。

5.2.5.2　重量与规格

快件的单件宜满足以下要求：

（1）单件重量不超过50kg。

（2）包装规格任何一边的长度不超过150cm，长、宽、高三边长度之和不超过300cm。

5.2.5.3　一般要求

封装时应使用符合国家标准和行业标准规定的快递封装用品。

封装时应防止快件：

（1）变形、破裂、损坏或变质。

（2）伤害用户、快递业务员或其他人。

（3）污染或损毁其他快件。

快递业务员负责封装，需要寄件人支付费用时，应在封装前告知用户所需费用。

5.2.5.4　具体要求

对信件、包裹和印刷品的封装，应满足以下要求：

（1）信件封装以不影响快递封套的正常封口为准，封装完成后，应在快递封套的显著位置标注“信件”字样，不应将信件打包后作为包裹寄递。

（2）包裹封装应综合考虑寄递物品的性质、状态、体积、重量、路程和运输方式等因素，选用适当的方式封装。

（3）印刷品应平直封装。

5.2.6　称重与计费

快递服务组织应使用秤、卷尺等计量用具测量快件的实际重量和体积重量，确定正确的计费重量，并根据计费重量、服务种类等确定服务费用。

快递服务组织应在提供服务前告知用户收费依据、收费标准或服务费用。

寄件人支付费用后，快递服务组织应向寄件人提供发票。

5.2.7　快递运单填写

5.2.7.1 提示

填写快递运单前，快递服务组织应提醒寄件人阅读快递运单的服务合同条款，并建议寄件人对贵重物品购买保价或保险服务。

5.2.7.2 填写要求

寄件人应按照相关要求填写快递运单，以确保：

(1) 字迹清楚、工整。

(2) 内件品名、种类、数量等信息填写准确。

(3) 寄件人姓名、地址、联系方式，收件人姓名、地址、联系方式等内容填写完整。

5.2.8 录入收寄信息

快件收寄后，应及时录入收寄信息并按规定上传网络。

5.3 内部处理

5.3.1 概述

快件内部处理主要包括分拣、封发、运输等环节。

如在内部处理过程中发现禁寄物品，应立即停止寄递，对各种反动报刊、书籍、淫秽物品、毒品及其他危险品，应及时通知公安机关处理，并及时报告当地邮政管理部门。

5.3.2 分拣

分拣包括以下要求：

(1) 应按收件地址、快件种类、服务时限要求等依据进行分拣。

(2) 应分区作业。

(3) 文明分拣，不应野蛮操作，快件分拣脱手时，离摆放快件的接触面之间的距离不应超过30cm，易碎件不应超过10cm。

(4) 小件物品及文件类快件，不宜直接接触地面。

(5) 应准确将快件分拣到位，避免出现错分滞留现象。

(6) 应及时录入分拣信息，并按规定上传网络。

5.3.3 封发

封发包括以下要求：

(1) 应准确封发，防止错发漏发。

(2) 应对中途需要中转的以及小件物品，建立总包进行封发。

(3) 应及时录入封发信息，并按规定上传网络。

5.3.4 运输

运输包括以下要求。

(1) 在快件的装载和卸货环节，应确保快件不受损害，核对快件数量和重量，如发现异常快件，应及时记录，并注明处理情况。

(2) 如需转运，应严格按照中转时限转发。

(3) 应按照规定路由进行运输，若出现特殊情况，致使原规定的路由不适用时，可根据实际情况调整计划，并做好记录。

(4) 应及时录入运输信息，并按规定上传网络。

5.4 投递

5.4.1 形式

投递形式应主要包括按名址面交、用户自取或与用户协商投递三种形式。

5.4.2 按名址面交

5.4.2.1 投递时间

快递服务组织投递应不超出向用户承诺的服务时限。

5.4.2.2 人员着装

收派员投递时应着具有组织标识的服装，并佩戴工号牌或胸卡。

5.4.2.3 投递次数

快递服务组织应对快件提供至少2次免费投递。

投递2次未能投交的快件，收件人仍需要快递服务组织投递的，快递服务组织可收取额外费用，但应事先告知收件人收费标准。

5.4.2.4 快件签收

（1）验收。收派员将快件交给收件人时，应告知收件人当面验收快件。快件外包装完好，由收件人签字确认。如果外包装出现明显破损等异常情况的，收派员应告知收件人先验收内件再签收；快递服务组织与寄件人另有约定的除外。

对于网络购物、代收货款以及与客户有特殊约定的其他快件，快递服务组织应按照国家有关规定，与寄件人（商家）签订合同，明确快递服务组织与寄件人（商家）在快件投递时验收环节的权利义务关系，并提供符合合同要求的验收服务；寄件人（商家）应当将验收的具体程序等要求以适当的方式告知收件人，快递服务组织在投递时也可予以提示；验收无异议后，由收件人签字确认。

国家相关部门对快件验收另有规定的，从其规定。

（2）代收。若收件人本人无法签收时，经收件人（寄件人）允许，可由其他人代为签收。代收时，收派员应核实代收人身份，并告知代收人代收责任。

（3）例外情况。在验收过程中，若发现快件损坏等异常情况，收派员应在快递运单上注明情况，并由收件人（代收人）和收派员共同签字；收件人（代收人）拒绝签字的，收派员应予以注明。

5.4.2.5 费用收取

收件人（代收人）支付费用后，快递服务组织应提供发票。

5.4.3 用户自取

用户自取主要适用于以下情况：

（1）投递2次仍无法投递的快件。

（2）相关政府部门（如海关、公安等）提出要求的。

5.4.4 与用户协商

对有特殊需求的用户，快递服务组织可与用户协商，采取其他方式妥投用户。

5.4.5 无法投递快件

快递服务组织应在投递前联系收件人，当出现快件无法投递情况时，应采取以下措施：

（1）首次无法投递时，应主动联系收件人，通知复投的时间及联系方法，若未联系到收件人，可在收件地点留下派送通知单，将复投的时间及联系方式等相关信息告知收件人。

（2）复投仍无法投递，可通知收件人采用自取的方式，并告知收件人自取的地点和工作时间。收件人仍需要投递的，快递服务组织可提供相关服务，但应事先告知收件人收费标准和服务费用。

（3）若联系不到收件人，或收件人拒收快件，快递服务组织应在彻底延误时限到达之前联系寄件人，协商处理办法和费用，主要包括：

1）寄件人放弃快件的，应在快递服务组织的放弃快件声明上签字，快递服务组织凭放弃快件声明处理快件。

2）寄件人需要将快件退回的，应支付退回的费用。

5.4.6 无着快件

5.4.6.1 处理方式

快递服务组织应及时登记无着快件，并将无着快件每半年1次集中到省级邮政管理部门所在地或其办事处所在地，申请集中处理。

5.4.6.2 期限

无着快件的信件，自快递服务组织确认无法退回之日起超过6个月无人认领的，由快递服务组织在邮政管理部门的监督下销毁。

无着快件的其他快件，自快递服务组织确认无法退回之日起超过6个月无人认领的，由快递服务组织在邮政管理部门的监督下进行开拆处理，不宜保存的物品除外。

5.4.6.3 处置

对因寄件人或收件人信息缺失而导致的无着快件，能从拆出的物品中寻找收件人或寄件人信息的，应继续尝试投递或退回，除此以外，对于能够变卖的物品，应交当地有关部门收购，价款上缴国库；不能变卖的，应按以下要求处置：

（1）存款单、存折、支票，应寄交当地人民银行处理，其他实名登记的有价证券，应寄往发行证券的机构处理。

（2）金银饰品，应由邮政管理部门指定的机构收购后，由邮政管理部门上缴国库。

（3）本国货币，应由邮政管理部门上缴国库，外国货币，应兑换成人民币后由邮政管理部门上缴国库。

（4）户口迁移证、护照和其他各种证书，应送发证机关处理。

（5）其他不能变卖的物品，根据具体情况，妥为处理。

5.4.7 彻底延误时限

彻底延误的快件，快递服务组织应根据有关规定予以赔偿。

根据国内快递服务的类型，彻底延误时限应主要包括：

（1）同城快件为3个日历天。

（2）省内异地和省际快件为7个日历天。

注：彻底延误时限是指从快递服务组织承诺的快递服务时限到达之时起，到用户可以将快件视为丢失的时间间隔。例如，某一快递服务组织承诺的省际快件服务时限为A个日历天，则从其交寄之日起，A+7个日历天后，快件仍未达到，则可视为该快件彻底延误（丢失），其余类型的快件以此类推。

5.4.8 录入投递信息

收派员投递快件后，应及时录入投递信息并上传网络。

5.5 查询

5.5.1 查询渠道

快递服务组织应根据业务种类向顾客提供电话或互联网等免费查询渠道。

5.5.2 查询凭证

快件收寄后，用户可凭借快递运单对快件进行查询。

5.5.3 查询内容

查询内容应包括快件当前所处服务环节及所在位置。

对于国内异地快件，快递服务组织宜提供全程跟踪的即时查询服务。

5.5.4 查询受理时间

国内快件互联网查询受理时间应为一周 7 天，每天 24 小时；国内快件电话人工查询应为一周 7 天，每天应不少于 8 小时。

5.5.5 查询答复时限

对于通过互联网不能查找的快件，用户电话查询时，快递服务组织应在 30 分钟内告知用户，告知的内容应主要包括：

(1) 快件所处的服务环节及所在位置。

(2) 不能提供快件即时信息的，告知用户彻底延误时限及索赔程序。

5.5.6 查询信息有效期

国内快件查询信息有效期应为 1 年。

5.6 投诉与申诉

5.6.1 投诉

5.6.1.1 投诉受理

快递服务组织应提供用户投诉的渠道，主要包括互联网、电话、信函等形式。

国内快件的投诉有效期为 1 年。

受理投诉时，快递服务组织应记录如下信息：

(1) 投诉人的姓名、地址和联系方式。

(2) 投诉的理由、目的、要求。

(3) 其他投诉细节。

快递服务组织在记录的过程中，应与投诉人核对信息，以保证信息的准确性。

5.6.1.2 投诉处理时限

国内快递服务投诉处理时限应不超过 30 个日历天，与投诉人有特殊约定除外。

5.6.1.3 投诉处理

快递服务组织应对投诉信息进行分析，提出处理方案，制定补救措施，按服务承诺及时处理。

投诉处理完毕，快递服务组织应在处理时限内及时将处理结果告知投诉人。

若投诉人对处理结果不满意，应告知其他可用的处理方式。

快递服务组织应根据投诉信息统计分析结果，采取措施改进服务质量。

5.6.2 申诉

用户向快递服务组织投诉后 30 个日历天未作出答复的，或对快递服务组织处理和答复不满意的，可向邮政管理部门提出申诉。

国内快递服务申诉时限为1年。

5.7 赔偿

发生快件延误、丢失、损毁和内件不符时，快递服务组织应予以赔偿（具体规定见附录3）。

5.8 例外情况

5.8.1 改寄

在国内快件尚未完成投递前，如寄件人提出申请，快递服务组织可提供改寄服务（可更改收件地址，但不可更改收件人），提供改寄服务时，快递服务组织应告知寄件人需要承担的改寄费用并告知收费标准。

5.8.2 撤回

对尚未首次投递的国内快件，如寄件人提出申请，快递服务组织可提供撤回服务，提供撤回服务时，快递服务组织应告知寄件人需要承担的费用并告知收费标准。

6 国际快递业务

6.1 概述

国际快递业务包括国际出境快递业务和国际进境快递业务。

国际处境快递业务的国内服务环境主要包括：收寄、分拣、封发、运输、出口报关，以及查询、投诉和赔偿等。

国际进境快递业务的国内服务环节主要包括：进口报关、运输、分拣、投递等。

除另有规定外，港澳台快递业务应遵照国际快递业务规定执行。

6.2 国际出境快递

6.2.1 收寄

6.2.1.1 一般规定

国际出境快件的收寄，应符合5.2的规定。

6.2.1.2 特殊规定

(1) 接单。对于国际出境快件，在接单时，还应满足以下要求：

1) 协助用户了解寄达国或地区对快件的特殊规定。

2) 对于物品类快件，应提示寄件人准备海关需要的相关单证。

(2) 验视。检查所寄的是否符合我国及寄达国家或地区规定。

对于国际出境快件，验视时还应检查物品类快件所需的单证是否符合要求，如不符合要求，可拒收快件。

(3) 重量与规格。国际快件的重量与价格，如有双边特别约定，可按约定执行。

(4) 计费。快递服务组织应明确告知寄件人国际快递业务可能产生的额外费用，主要包括：

1) 国际航空燃油附加费。

2) 物品类快件所需的报关费用。

3) 其他需要用户支付的费用。

(5) 快递运单的填写。收派员宜指导用户正确填写国际快递运单。

6.2.2 分拣、封发和运输

国际出境快件的分拣和运输应分别符合5.3.2和5.3.4的要求。

封发时，国际快件应单独装袋封发，不应同国内快件混封。

6.2.3　出口报关

6.2.3.1　概述

国际出境快件应按有关法律法规规定向海关申报出口。

对国际出境快件的报关可采用代理报关的方式。

快递服务组织可设立报关部门，配备报关员，向当地海关申请代理报关资格，办理代理报关业务，并配合海关对受海关监管的进出境国际快件实施查验放行工作。

6.2.3.2　报关要求

快递服务组织报关时，应满足以下要求：

（1）在快件的外包装上标有符合海关自动化检查要求的条形码。

（2）用户交寄的需要进行卫生检疫或者动植物检疫的快件，应附有检疫证书。

（3）及时向海关呈交快件报关所需的单证、资料，并如实申报所承运的快件。

（4）国际出境快件自向海关申报起到出境止，应存放于海关快件监管场所，并妥为保管。

（5）未经海关许可，不应将监管时限内的快件进行装卸、开拆、重换包装、提取、派送、发运或进行其他作业。

（6）海关将部分内件或整件扣留没收时，应将海关签发的扣留通知单及时送达寄件人。

6.2.4　查询

对于国际出境快件，快递服务组织宜提供全程跟踪的即时查询服务，并符合5.5.1、5.5.2、5.5.3和5.5.5的要求。

国际快件查询信息有效期为6个月。

国际快件电话人工查询受理时间一周5天，每天应不少于8小时。

对于通过代理方式开展国际快递业务的，快递服务组织应及时将快件信息与国外代理组织进行交换传输和跟踪查询。

6.2.5　彻底延误时限

国际快递彻底延误时限为21个日历天。

6.2.6　投诉和申诉

6.2.6.1　投诉受理

快递服务组织应提供用户投诉的渠道，主要包括互联网、电话、信函等形式。

国际快件的投诉有效期为6个月。

受理投诉时，快递服务组织应记录如下信息：

（1）投诉人的姓名、地址和联系方式。

（2）投诉的理由、目的、要求。

（3）其他投诉细节。

快递服务组织在记录过程中，应与投诉人核对信息，以保证信息的准确性。

6.2.6.2　投诉处理

国际快件的投诉处理应符合5.6.1.3的要求。

国际及港澳台快件投诉处理时限应不超过：

(1) 国际快件为 60 个日历天。

(2) 港澳台快件为 30 个日历天。

6.2.6.3 申诉

用户向快递服务组织投诉后 60 个日历天未作出答复的，或对快递服务组织处理和答复不满意的可向邮政管理部门提出申诉。

国际快递申诉时限为 6 个月。

6.2.7 撤回

国际快件尚未验关前，快递服务组织可提供撤回服务。

寄件人在向快递服务组织提出撤回申请时，快递服务组织应告知寄件人需要承担撤回费用并告知收费标准。

6.2.8 赔偿

发生快件延误、丢失、损毁和内件不符时，快递服务组织应予以赔偿（具体规定见附录 3）。

6.3 国际进境快递

6.3.1 进口报关

国际进境快件报关应符合 6.2.3.2 中（1）、(2)、(3)、(5）项的要求。

国际进境快件自向海关申报起到完成清关，应存放于海关快件监管场所，并妥为保管。

海关将部分内件或整件扣留没收时，应将海关签发的扣留通知单及时送达收件人。

6.3.2 分拣和运输

国际进境快件的分拣和运输应分别符合 5.3.2 和 5.3.4 的要求。

国际进境快件分拣时应按海关要求将快递运单相关信息翻译成中文。

6.3.3 投递

国际进境快件的投递，应符合 5.4 的要求。

国际进境无着快件，快递服务组织保管满 3 个月后，应按 5.4.6.1 和 5.4.6.3 的规定进行处理；对于处于报关阶段的无着快件，应由海关依法进行处理。

附录3　快件赔偿规定

1　赔付对象

快件赔付的对象应为寄件人或寄件人指定的受益人。

2　赔偿条件

在寄递过程中，发生延误、丢失、损毁、内件不符时，快件服务组织应予以赔偿。

属于下列情况的，快递服务组织可不负赔偿责任：

（1）所寄物品本身的自然性质或者合理损耗造成快件损失的。

（2）由于不可抗力的原因造成损失的（保价快件除外）。

（3）寄件人、收件人的过错造成损失的。

3　赔偿原则

3.1　总则

快递服务组织与用户之间有约定的应从约定，没有约定的可按以下原则执行。

3.2　快件延误

延误的赔偿应为免除本次服务费用（不含保价等附加费用）。

由于延误导致内件直接价值丧失，应按照快件丢失或损毁进行赔偿。

3.3　快件丢失

快件发生丢失时，应免除本次服务费用（不含保价等附加费用），此外，还应：

（1）对于购买保价的快件，快递服务组织按照被保价金额进行赔偿。

（2）对于没有购买保价的快件，按照《中华人民共和国邮政法》、《中华人民共和国合同法》等相关法律规定赔偿。

（3）造成用户其他损失的，按照相关民事法律规定赔偿。

3.4　快件损毁

快件损毁赔偿应主要包括：

（1）完全损毁，指快件价值完全丧失，参照快件丢失赔偿的规定执行。

（2）部分损毁，指快件价值部分丧失，依据快件丧失价值占总价值的比例，按照快件丢失赔偿额度的相同比例进行赔偿。

3.5　内件不符

内件不符赔偿应主要包括：

（1）内件品名与寄件人填写品名不符，按照完全损毁赔偿。

（2）内件品名相同，数量和重量不符，按照部分损毁赔偿。

4　索赔程序

4.1　索赔申告

寄件人在快件发生延误、丢失、损毁、内件不符时，可以依据赔偿规定向快递服务组织提出索赔申告。快递服务组织提供索赔申告单给寄件人，寄件人填写后递交给快递服务组织。

4.2　索赔受理

快递服务组织应在收到寄件人的索赔申告单24小时内答复寄件人，并告知寄件人索赔处理时限。

4.3　索赔处理时限

快件服务组织除了与寄件人有特殊约定外，索赔处理时限应不超过：

（1）同城和国内异地快件为30个日历天。

（2）港澳台快件为30个日历天。

（3）国际快件为60个日历天。

4.4　赔金支付

快递服务组织与寄件人就赔偿事宜达成一致后，应在7个工作日内向寄件人或寄件人指定的受益人支付赔金，与用户有约定的除外。

4.5　索赔争议的解决

寄件人与快递服务组织就是否赔偿、赔偿金额或赔金支付等问题可先行协商，协商不一致的，可依相关规定选择投诉、申诉、仲裁、诉讼等方式，如选择仲裁，应在收寄时约定仲裁地点和仲裁机构。

模拟考试题

一、单项选择题，每小题 2 分。（共计 40 分，请把正确答案填写在下面的表格中）

题目	1	2	3	4	5	6	7	8	9	10	得分
答案											
题目	11	12	13	14	15	16	17	18	19	20	
答案											

1. 快递服务的灵魂是（　　）。
A. 价廉　　B. 包装优良　　C. 快速　　D. “门到门服务”
2. 快递流程主要包括快递收寄、（　　）快件运输和快件派送四大环节。
A. 快件处理　　B. 快件包装　　C. 快件储存　　D. 快件加工
3. 以下不属于职业道德作用的是（　　）。
A. 有助于促进社会生产力的发展，提高劳动生产率
B. 有助于调节人们在职业活动中的各种关系
C. 有助于提高工资水平
D. 有助于提高个人道德修养
4. 不属于条形码技术特点的是（　　）。
A. 输入速度快　　B. 准确度高　　C. 成本比较高　　D. 可靠性强
5. 在《快递服务》标准中，规定经营快递业务最低雇佣员工数为（　　）。
A. 10　　B. 15　　C. 20　　D. 25
6. 对邮政、快递行业工作人员利用职务上的便利私自开拆、隐匿和毁弃邮件和快件的行为，规定（　　）。
A. 对犯有本罪的处两年以下有期徒刑或拘役
B. 对犯有本罪的处一年以下有期徒刑或拘役
C. 对犯有本罪的处两年以下有期徒刑
D. 对犯有本罪的处半年以下有期徒刑或拘役
7. 《快递服务》标准规定，快递最长服务时限，同城不得超过________，异地不得超过________。（　　）
A. 24 小时，72 小时　　B. 72 小时，24 小时
C. 24 小时，24 小时　　D. 72 小时，72 小时
8. 交接单主要用语三个交接环节，下列不正确的是（　　）。
A. 收寄派送网点与分拣中心之间的总包交接
B. 快件运输环节与分拣中心或中转站之间交换的总包交接
C. 分拣中心与委托运输方之间
D. 收寄派送网点与委托运输方
9. 标识的粘贴不包括（　　）。
A. 正面粘贴　　B. 侧面粘贴　　C. 背面粘贴　　D. 三角粘贴

10. 快件的流转主要有4个环节，即收寄、(　　)、运输、派送。
A. 仓储　B. 包装　C. 处理　D. 加工
11. 便捷式手提称的不足之处在于（　　）。
A. 测量时误差较大　B. 体积稍大，不便携带
C. 吊钩容易损坏　D. 计量范围有限
12. 对轻抛物品描述正确的是（　　）。
A. 比较体积重量和实际重量，实际重量大于体积重量的，一般称为轻抛件
B. 比较体积重量和实际重量，体积重量大于实际重量的，一般称为轻抛件
C. 比较体积重量和实际重量，一样大的一般称为轻抛件
D. 对于轻抛件，要取实际重量作为计费重量
13. 以下不属于总包交接单作用的是（　　）。
A. 真实记录了两作业环节交换总包时实际发生的相关内容，是快件业务处理证明
B. 是快递企业与委托承运部门或企业进行运费结算的依据
C. 是发件人与发件网点之间的付款依据
D. 是进行总包查询和赔偿的凭证
14. 快件包装注意事项说法错误的是（　　）。
A. 禁止使用一切报刊类物品作为快件的外包装，如报纸、海报、书刊、杂志等
B. 对于价值较高的快件，采用包装箱进行包装，包装时应使用缓冲材料
C. 对于一票多件的快件，如果是国际快件，必须按照一票多件操作规范进行操作
D. 任何包装材料都不可重复使用
15. 快递实物保存期限最低为（　　）。
A. 3个月　B. 6个月
C. 一年　D. 一年半
16. 以下（　　）属于常见的分拣种类。
A. 按地址分拣　B. 按简称分拣
C. 按邮编分拣　D. 按区号分拣
17. 以下不属于快件排序方法的是（　　）。
A. 根据优先快件优先排序　B. 根据快件时效排序
C. 根据由近而远的地址排序　D. 根据收件人类别排序
18. 以下不属于快件安全保管的原则是（　　）。
A. 小件不离身　B. 零散快件集装携带的原则
C. 大件不离视线的原则　D. 专人跟踪保管
19. 不属于客户维护作用的是（　　）。
A. 留住老客户，可使企业的竞争优势长久
B. 留住老客户，可以持续保持良好的企业形象
C. 留住老客户，会使成本大幅度降低
D. 留住老客户，大大有利于发展新客户
20. 不属于客户信息采集原则的是（　　）。
A. 主观性　B. 真实性　C. 及时性　D. 完整性

二、多项选择题，每小题 2 分。（共计 20 分，请把正确答案填入下面的表格中）

题目	1	2	3	4	5	6	7	8	9	10	得分
答案											

1. 快件按赔偿责任可分为（　　）。
A. 到付快件　B. 保价快件　C. 保险快件　D. 普通快件
2. 常见灭火器的种类有（　　）。
A. 二氧化碳系列灭火器　B. 泡沫灭火器　C. 干粉灭火器　D. 冲水灭火器
3. 以下属于计算机病毒特点的是（　　）。
A. 传染性　B. 不可抵御性　C. 人为性　D. 破坏性
4. 消费者的权利有保障安全权、知悉真情权和（　　）。
A. 自主选择权　B. 监督检查权　C. 公平交易权　D. 依法求偿权
5. 寄递物品的验视内容有寄递物品的性质、（　　）、内包装是否核实运输。
A. 寄递物品外包装是否合理　B. 寄递物品的名称
C. 寄递物品的实际数量　D. 寄递物品是否有内包装
6. 快件查询内容包括（　　）。
A. 快件的包装质量　B. 所处的服务环节
C. 快件的重量　D. 所在位置
7. 以下属于快件处理作用的是（　　）。
A. 集散作用　B. 控制作用　C. 协同作用　D. 仓储作用
8. 快件按址派送时，在进行快件排序环节，应考虑的因素是（　　）。
A. 地理位置　B. 客户身份　C. 交通状况　D. 时效要求
9. 属于代收货款的注意事项是（　　）。
A. 提前电话核实客户信息　B. 寄件人实时跟踪
C. 核实收件人身份　D. 提醒收件人查验快件
10. 客户维护的方法有（　　）。
A. 客户拜访　B. 定期开展客户会议
C. 书信电话联络　D. 妥善处理客户异议

三、判断题，每小题 1 分。（共计 15 分，请把正确答案填在下面的表格中，正确的打√，错误的打×）

题目	1	2	3	4	5	6	7	8	9	10	得分
答案											
题目	11	12	13	14	15						
答案											

1. 快递呼叫中心不属于快件网络系统的一个组成部分。（　　）
2. 关于快递的概念：快件是快递服务组织依法收寄并封装完好的信件和包裹等寄递物品的统称。（　　）
3. 快递从业人员不得私自抄录或向他人泄露收、寄件人的名址、电话等快件信息。（　　）

4. 因长期接触有毒有害因素而引起的职业病伤害不属于工伤保险范畴。 （ ）
5. 要用隔离法灭火，应该使用泡沫灭火器灭火。 （ ）
6. 国内大部分快递公司使用的条形码为一维的 39 码、128 码。 （ ）
7. 口头形式属于合同形式之一。 （ ）
8. 《中华人民共和国邮政法》关于邮政企业的规定也适用于快递企业。 （ ）
9. 收寄流程包括验视、包装、运单填写和款项交接等环节。 （ ）
10. 快递企业可以为客户提供代办快件保险手续服务。 （ ）
11. 电子签收属于客户签收快件的方法之一。 （ ）
12. 二次派送的快件不属于优先派送快件的主要类型之一。 （ ）
13. 总包的封装，是将多个发往同一寄达地的快件集中规范地放置在袋或容器里，并将袋或容器口封扎的过程。 （ ）
14. 对于不规则物品的体积测量：取物品的最长、最高、最宽边进行量取。 （ ）
15. 对于重复利用的旧包装材料，清除原有运单及其他特殊的快件标记后可以继续使用。 （ ）

四、连线题，请将下列国家的中文与相应的英文简称用直线连接起来。（每连对一个 1 分，共计 5 分）

意大利	BRAZIL
南非	RUSSIA FEDERATION
加拿大	ITALY
俄罗斯	CANADA
巴西	SOUTH AFRICA

五、简答题，每小题 5 分。（共计 10 分）

1. 封发的定义。

2. 快递传递网络。

六、计算题。（共计 10 分）

一票从南宁发往上海的快件（航空运输，系数为 6000），使用纸箱包装，纸箱长、宽、高分别为 60cm、40cm、30cm，快件实重 5kg，客户保价 2000 元（保价费率 0.1%）快递企业的资费价格为下表，请计算这份快件费用总和。

区间	1kg 以下	超过 1kg，超过部分
南宁—上海	13	8 元/kg

复习思考题答案

1 职业道德

1-1 单选题

（1）C （2）B （3）C

1-2 判断题

（1）√ （2）× （3）√

2 快递服务概述

2-1 单选题

（1）C （2）A （3）D

2-2 判断题

（1）√ （2）√ （3）√

3 快递业务基础知识

3-1 单选题

（1）A （2）A （3）B

3-2 判断题

（1）√ （2）√ （3）×

4 快递服务礼仪

4-1 单选题

（1）D （2）D

4-2 判断题

（1）√ （2）× （3）√

5 安全知识

5-1 单选题

（1）A （2）B （3）A

5-2 判断题

（1）√ （2）√ （3）√

6 地理与百家姓知识

6-1 单选题

（1）C （2）B

6-2 判断题

（1）× （2）× （3）×

7 条码知识

7-1 单选题

C

8 操作术语的解析

8-1 解释以下名词的定义。

(1) 中转：是指快件的运输线路不能直接到达目的地，需通过中转环节再次处理后转发至目的地的过程。

(2) 派件：收派员与仓管员交接完毕后，根据运单上的派件要求，在规定时间内，将快件送达指定地点，交付给指定收件人，并由收件人在“收件公司存根”联上签字确认的操作过程。

(3) 封发：是指将分拣后的快件封装成快件总包，并装载发运的处理过程。

(4) 接收：是指处理中心验视进站总包快件装载车辆的封志，检查总包快件规格，复核交接总包数量，并办理签收手续的处理过程。

9 快件揽收

9-1 单选题

(1) C (2) D (3) A (4) C (5) D (6) B (7) A (8) A (9) B (10) C (11) B (12) B (13) D

9-2 判断题

(1) √ (2) × (3) √ (4) √ (5) √ (6) √ (7) √ (8) × (9) × (10) √

10 快件处理

10-1 单选题

(1) D (2) D (3) D (4) D (5) B (6) A (7) C (8) C (9) C (10) D

10-2 判断题

(1) √ (2) √ (3) √ (4) √ (5) √ (6) × (7) × (8) × (9) √ (10) √

11 快件派送

11-1 单选题

(1) B (2) B (3) B (4) A (5) C (6) B (7) B (8) A (9) D (10) B

11-2 判断题

(1) √ (2) √ (3) × (4) × (5) √ (6) × (7) √ (8) √ (9) √ (10) ×

12　客户服务

12-1　单选题

(1) B　(2) A　(3) D

12-2　判断题

(1) √　(2) √　(3) ×　(4) √　(5) √

模拟考试题答案

一、单项选择题，每小题 2 分。(共计 40 分)

题号	1	2	3	4	5	6	7	8	9	10
答案	C	A	C	C	B	A	A	D	C	C
题号	11	12	13	14	15	16	17	18	19	20
答案	A	B	C	D	B	A	D	D	B	A

二、多项选择题，每小题 2 分。(共计 20 分)

题号	1	2	3	4	5	6	7	8	9	10
答案	BCD	ABC	ACD	ACD	BCD	BD	ABC	ACD	ACD	ACD

三、判断题，每小题 1 分。(共计 15 分)

题号	1	2	3	4	5	6	7	8	9	10
答案	×	√	√	×	√	√	√	√	√	√
题号	11	12	13	14	15					
答案	√	×	√	√	√					

四、连线题。(每连对一个 1 分，共计 5 分)

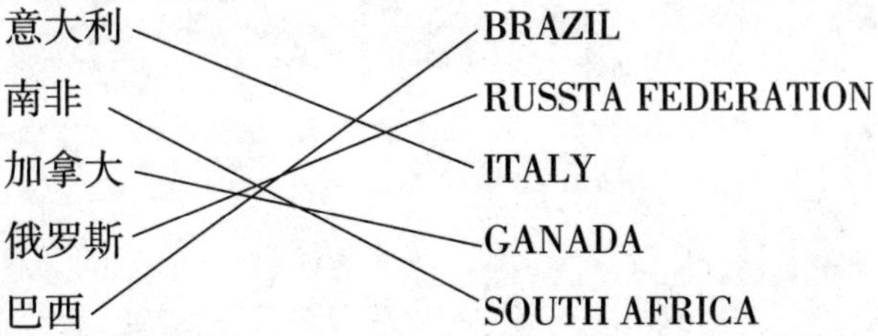

五、简答题，每小题 5 分。(共计 10 分)

1. 封发是指将分拣后的快件封装成快件总包，并装载发运的处理过程。
2. 快递传递网络是由快递呼叫中心、收派处理点或营业点、处理中心和运输线路，按照一定的原则和方式组织起来并在调度运营中心的指挥下，按照一定的运行规则传递快件的网络系统。

六、计算题。(共计 10 分)

保价费：2000×0.1%=2 元

体积重：(60×40×30) /6000=12kg

因快件体积重 12kg 大于实重 5kg，所以取体积重计费，运费计算如下：

13+ (12−1) ×8=101 元

费用总和为：2+101=103 元（即费用总和=保价费+运费）

参 考 文 献

[1] 杨国荣，徐兰．快递实务［M］．北京：北京理工大学出版社，2013，12.

[2] 人力资源和社会保障部教材办公室．快递业务员（初级）［M］．北京：中国劳动社会保障出版社，2010.

[3] 国家邮政局职业技能鉴定指导中心．快递业务员（初级）快件收派［M］．北京：人民交通出版社，2013，3.

冶金工业出版社部分图书推荐